AL LECTOR

Este libro se presenta en su forma original y es parte de la literatura y las obras religiosas del fundador de Scientology®, L. Ronald Hubbard. Es un registro de las observaciones e investigaciones del Sr. Hubbard sobre la naturaleza del Hombre y las capacidades de cada individuo como ser espiritual, y no es una declaración de pretensiones hechas por el autor, la editorial ni cualquier Iglesia de Scientology.

Scientology se define como el estudio y manejo del espíritu en relación consigo mismo, los universos y otros seres vivos. Así, la misión de la Iglesia de Scientology es sencilla: ayudar al individuo a recuperar su verdadera naturaleza, como ser espiritual, y así conseguir una consciencia de su relación con sus semejantes y el universo. Ahí está el camino a la integridad personal, la confianza, la ilustración y la libertad espiritual en sí.

Scientology y su precursora y subestudio, Dianética, tal y como las practica la Iglesia, sólo se dirigen al "thetán" (espíritu) que es superior al cuerpo, y su relación y efectos sobre el cuerpo. Si bien la Iglesia, como todas las Iglesias, es libre de dedicarse a la curación espiritual, su meta principal es aumentar la consciencia espiritual para todos. Por esta razón, ni Scientology ni Dianética se ofrecen ni se presentan como una curación física ni hacen ninguna afirmación a tal efecto. La Iglesia no acepta individuos que deseen tratamiento de enfermedades físicas o mentales, sino que, en su lugar, exige un examen médico competente en cuanto a condiciones físicas, realizado por especialistas cualificados, antes de abordar su causa espiritual.

El Electrómetro Hubbard®, o E-Metro, es un aparato religioso utilizado en la Iglesia. El E-Metro, por sí mismo, no hace nada y sólo lo utilizan ministros y personas que se están preparando como ministros, capacitados en su uso, para ayudar a los feligreses a localizar la fuente de sus tribulaciones espirituales.

El logro de los beneficios y metas de la religión de Scientology exige la participación dedicada de cada individuo, ya que sólo puede lograrlos a través de sus propios esfuerzos.

Esperamos que la lectura de este libro sea sólo el primer paso de un viaje personal de descubrimiento en esta religión mundial nueva y vital.

ESTE LIBRO PERTENECE A

____

SCIENTOLOGY 8-8008

SCIENTOLOGY 8-8008

L. RONALD HUBBARD

Bridge
Publications, Inc.

Una
Publicación
Hubbard®

Publicado por
Bridge Publications, Inc.
4751 Fountain Avenue
Los Angeles, California 90029

ISBN 978-1-4031-4666-3

LATIN AMERICAN SPANISH – *SCIENTOLOGY 8-8008*

Impreso en Estados Unidos

Nota Importante

Al estudiar este libro, asegúrate muy bien de no pasar nunca una palabra que no comprendas por completo. La única razón por la que una persona abandona un estudio, se siente confusa o se vuelve incapaz de aprender, es porque ha pasado una palabra que no comprendió.

La confusión o la incapacidad para captar o aprender viene DESPUÉS de una palabra que la persona no definió ni comprendió. Tal vez no sean sólo las palabras nuevas e inusuales las que tengas que consultar. Algunas palabras que se usan comúnmente, con frecuencia pueden estar definidas incorrectamente y por lo tanto, causar confusión.

Este dato acerca de no pasar una palabra sin definir es el hecho más importante en todo el tema del estudio. Cada tema que hayas comenzado y abandonado, contenía palabras que no definiste.

Por lo tanto, al estudiar este libro asegúrate muy, muy bien de no pasar nunca una palabra que no hayas comprendido totalmente. Si el material se vuelve confuso o parece que no puedes captarlo por completo, justo antes habrá una palabra que no has comprendido. No sigas adelante, sino regresa a ANTES de que tuvieras dificultades, encuentra la palabra malentendida y defínela.

Glosario

Como ayuda para la comprensión del lector, L. Ronald Hubbard indicó a los editores que proporcionaran un glosario. Este se incluye en el Apéndice, *Glosario Editorial de Palabras, Términos y Frases.* Las palabras a veces tienen varios significados. El *Glosario Editorial* sólo contiene las definiciones de las palabras como se usan en este texto. Las demás definiciones de la palabra se pueden encontrar en un buen diccionario o en el diccionario de Dianética y Scientology.

Si encuentras cualesquiera otras palabras que no conozcas, búscalas en un buen diccionario.

PRÓLOGO

PRÓLOGO

8-8008:

El Logro del Infinito (8) mediante la Reducción del Infinito Aparente (8) del Universo MEST a Cero (0) y el Incremento del Cero Aparente (0) del Universo Propio hasta el Infinito (8)

Scientology 8-8008 se publicó originalmente en noviembre de 1952 y se escribió para usarse como el libro de texto para los estudiantes del legendario *Curso del Doctorado de Filadelfia,* una serie de 76 conferencias impartidas por L. Ronald Hubbard en diciembre de 1952 y enero de 1953.

Apenas dos meses después de haber impartido el Curso del Doctorado, Ronald llegó a otro altiplano mayor. Presentó esta nueva información en otra serie de conferencias, *Los Factores,* impartida en Londres durante marzo y abril de 1953.

Para incorporar esta nueva información y su significado a *Scientology 8-8008,* Ronald escribió varios capítulos complementarios.

Mediante una investigación exhaustiva de los archivos de LRH, se encontraron sus manuscritos originales y por primera vez se te presentan tal y como fue su intención.

- El Libro Uno de esta edición contiene el libro completo que se proporcionó a los estudiantes originales del *Curso del Doctorado de Filadelfia* y corresponde directamente a esas conferencias.

- El Libro Dos contiene todos los capítulos complementarios de LRH y un estudio de estos que corresponde directamente a las conferencias sobre *Los Factores*.

En resumen, esta edición de *Scientology 8-8008,* une el original de 1952 y la información que se agregó en 1953, para proporcionar una visión completa de la tecnología y su desarrollo. Si se estudia conjuntamente con las conferencias del *Curso del Doctorado de Filadelfia* y de *Los Factores,* este libro hace posible un nivel sin precedente de duplicación y comprensión de este periodo crucial de la investigación y los descubrimientos de Ronald.

Estamos orgullosos de presentar la sistematización preeminente de las potencialidades de theta: *Scientology 8-8008.*

—Los Editores

Contenido

Parte Dos: Métodos de Recorrido

Parte Tres: Procedimiento Operativo Estándar 3: Theta Clearing

Libro Dos

1953

Parte Uno: Los Factores

Parte Dos: Procedimiento Operativo Estándar 8: Thetán Operante

PREFACIO

PREFACIO

SCIENTOLOGY ES la ciencia de conocer las ciencias. Busca abarcar las ciencias y las humanidades como una clarificación del conocimiento en sí.

Uno estudia para conocer una ciencia. Su estudio no es de utilidad cuando no conoce la ciencia del estudio.

Uno vive y aprende de la vida. Pero la vida no es comprensible para él, sin importar lo mucho que viva, a menos que conozca la ciencia de la vida misma.

Uno estudia las humanidades. Si no sabe cómo estudiar las humanidades, a menudo fracasa.

El físico y el experto en bombas de fisión saben de física, pero no de humanidades. No conciben la relación y por lo tanto la física en sí fracasa.

Las destrezas de Scientology pueden traer orden y simplicidad a todas estas cosas: biología, física, psicología y la vida misma.

Uno vive mejor con Scientology ya que cuando la vida se comprende y se controla, es posible vivirla.

Una civilización podría ser más próspera con Scientology ya que no estaría marcada con las cicatrices de lo desconocido ni anulada por el caos.

La única riqueza que existe es la comprensión. Eso es todo lo que Scientology tiene que ofrecer.

L. RONALD HUBBARD

"El thetán es inmortal y posee facultades

que exceden por mucho a las que hasta

∞

Libro Uno

1952

ahora se habían predicho para el Hombre".

Parte Uno

El Beingness del Hombre

"En 40.0, espacio y beingness se pueden considerar intercambiables".

∞

Capítulo Uno

EL BEINGNESS DEL HOMBRE

"La meta básica del Hombre, que abarca todas sus actividades es, al parecer, la Supervivencia".

Capítulo Uno

El Beingness del Hombre

Scientology se define como la ciencia de saber cómo saber. Abarca todo el campo del conocimiento e incluye (como parte de esto) a la mente humana, la cual podría considerarse como una computadora de conocimiento y un recipiente para este.

Esta ciencia tiene muchas ramas (como las tendría cualquier ciencia adecuada del conocimiento) y estas abarcan lo que en el pasado se denominó como "humanidades". La educación, la sociología, la criminalidad, la psicología y otros estudios similares tienen su lugar adecuado en el marco de Scientology.

Construida a partir de axiomas organizados, esta ciencia tiene un parecido más cercano a una "ciencia exacta", como la física, la química o las matemáticas (como la geometría), porque sus definiciones son precisas y a partir de ellas se llega a la solución de problemas, que han sido de interés para la Humanidad, pero que hasta ahora, no han tenido una solución satisfactoria.

La esencia de Scientology es su carácter práctico.

Su aplicación es amplia y sus resultados son uniformemente predecibles. Se diseñó para "hacer al capaz más capaz", no para "tratar" al psicótico, al neurótico o al que sufre enfermedades psicosomáticas. Pero cuando se les aplica, y cuando lo hace un profesional competente y entrenado de manera apropiada, representa la única psicoterapia de validez totalmente confirmada que el Hombre conoce hoy en día y al utilizarla, cerca del 70 por ciento de las enfermedades del Hombre pueden remediarse a un costo de tiempo y dinero menor que el que implica cualquier otro esfuerzo similar y con mayor eficacia.

Esta ciencia se clasifica bajo la definición clásica de "ciencias" y es probable que esté organizada de forma más vigorosa que otros grupos de datos que llevan esa designación. Brota de los axiomas de Scientology, minuciosamente definidos, los cuales predicen fenómenos que después pueden descubrirse uniformemente en el universo real.

Cualquier estudio del conocimiento no podría evitar estar íntimamente conectado con el beingness del Hombre y los primeros axiomas de Scientology comenzaron a predecir los datos de nivel más alto obtenidos hasta la fecha sobre la identidad y las facultades de la vida, y después los desarrollos posteriores finalmente los descubrieron.

El bienestar y de hecho, la supervivencia continua de la Humanidad dependen de un conocimiento exacto de sus propias facultades y, de manera más concreta, de su relación con el conocimiento mismo.

La Meta Básica

La meta básica del Hombre, que abarca todas sus actividades es, al parecer, la *Supervivencia*.

La Supervivencia podría definirse como un impulso por persistir a lo largo del tiempo, en el espacio, como materia y energía.

Las Dinámicas

Se encuentra que el impulso por Sobrevivir contiene ocho subimpulsos. Estos son:

Primero, el impulso por sobrevivir como uno mismo;

Segundo, el impulso por sobrevivir a través del sexo y la extensión de los hijos;

Tercero, el impulso por sobrevivir como grupo;

Cuarto, el impulso por sobrevivir como la Humanidad en sí;

Quinto, el impulso por sobrevivir como la vida animal;

Sexto, el impulso por sobrevivir como el universo material de materia, energía, espacio y tiempo;

Séptimo, el impulso por sobrevivir como espíritu; y

Octavo, el impulso por sobrevivir como lo que podría llamarse el Ser Supremo.

A estos subimpulsos se les llama *dinámicas*.

Al combinarse, forman el impulso global hacia la Supervivencia. Pero cada uno, desempeña por sí solo su importante papel, tanto en el individuo como en la esfera más amplia que se menciona como parte de cada impulso. De esta manera, vemos la interdependencia del individuo con la familia, con el grupo, con la especie, con los seres vivos, con el universo material en sí, con los espíritus y con Dios. Y vemos cómo cada uno de estos impulsos depende del individuo como parte de este impulso.

Se podría concebir que la mente humana es aquello que graba, computa y resuelve los problemas relacionados con la supervivencia.

Pensamiento

Scientology presenta formas nuevas y más funcionales de pensar acerca de las cosas.

Ha encontrado que un *absoluto* es inobtenible. Ni el *cero* ni el *infinito* en sí pueden descubrirse en un universo real, pero *como absolutos,* pueden presentarse como símbolos de una abstracción que podría suponerse que en realidad existe. Por lo tanto, no habría un bien absoluto ni un mal absoluto. Que algo fuera "bueno" dependería del punto de vista del observador, y la misma condición existiría para lo "malo".

Una solución óptima para cualquier problema sería la solución que aportara los mayores beneficios para el mayor número de dinámicas. La solución más inadecuada sería la solución que aportara la menor cantidad de beneficios al menor número de dinámicas. Y aquí, un beneficio se definiría como aquello que mejorara la supervivencia. Las actividades que aportaran una supervivencia mínima para un menor número de dinámicas y que dañaran la supervivencia de un mayor número de dinámicas no podrían considerarse actividades racionales.

Aunque no podría existir algo absolutamente correcto o absolutamente incorrecto, una acción correcta dependería de que favoreciera la supervivencia de las dinámicas directamente relacionadas, una acción incorrecta impediría la supervivencia de las dinámicas relacionadas.

El pensamiento se subdivide en datos. Un dato sería cualquier cosa de la cual uno pudiera llegar a estar consciente, ya fuera que existiera o que uno la creara.

Se podría descubrir que la creatividad supera a la existencia en sí. Mediante la observación y la definición, se puede descubrir que el pensamiento no necesariamente tiene que ser precedido por datos, sino que puede crearlos.

Por lo tanto, la imaginación puede crear sin recurrir a estados existentes previos, y no depende necesariamente de la experiencia o de los datos, y no necesariamente los combina para obtener sus productos. La imaginación podría clasificarse como la capacidad de crear o predecir un futuro, o de crear, cambiar o destruir un presente o un pasado.

La causa está motivada por el futuro.

La Estática y la Cinética

Scientology, según se aplica a la vida, se considera como un estudio de la *estática* y la *cinética,* lo que significa un estudio de la interacción entre la ausencia de movimiento y la presencia absoluta de movimiento, o entre menos movimiento y más movimiento.

En el pensamiento en sí, en su ámbito más elevado, descubrimos el único estático verdadero que se conoce. En física, un estático se representa como un cuerpo en reposo. Pero en física se sabe que un cuerpo en reposo es, sin embargo, un equilibrio de fuerzas y está por sí mismo, en movimiento, aunque sólo sea a nivel de movimiento molecular. Un verdadero estático no contendría movimiento, ni tiempo, ni espacio, ni longitud de onda. A este estático se le asigna en Scientology el símbolo matemático *theta* (θ). Esta denominación sólo significa un estático teórico de cualidades definidas de manera clara y precisa, con ciertas cualidades potenciales.

Al cinético de todo movimiento o de más movimiento se le llama *MEST.* Esta palabra representa el universo material, o cualquier universo. Es la combinación de las iniciales de las cuatro palabras inglesas para materia, energía, espacio y tiempo: *Matter, Energy, Space* y *Time*.

La interacción entre theta y MEST da como resultado actividades conocidas como *vida,* y causa la animación de los seres vivos. Cuando no hay interacción, el ser vivo está muerto.

El beingness del Hombre, con lo que se quiere decir el *Homo sapiens,* obtiene de theta sus impulsos hacia el pensamiento y la acción, y adopta su forma material en MEST.

La Anatomía del Beingness del Hombre

El Hombre, el *Homo sapiens,* es un ser compuesto de cuatro realidades distintas y que se pueden separar. A estas partes se les denomina el *thetán,* los *bancos de memoria,* la *entidad genética* y el *cuerpo*.

El *thetán* (que se describirá más adelante en mayor detalle) puede existir en la materia, la energía, el espacio y el tiempo, pero obtiene su impulso del potencial de theta en sí y tiene ciertas metas de comportamiento propias, definidas y características.

Los *bancos de memoria estándar* y los *bancos de memoria reactiva* conforman los *bancos de memoria* del *Homo sapiens.* Estos, en la analogía de una computadora electrónica, son el sistema de archivos. Puede decirse que los bancos estándar contienen datos de los cuales el Hombre es consciente con facilidad y de forma analítica. Y los bancos reactivos son los que contienen experiencias de estímulo-respuesta, cuya acción está por debajo de su nivel de consciencia. El contenido de los bancos reactivos se recibió durante momentos de consciencia disminuida, como en la inconsciencia del principio de la vida, en momentos de fatiga, dolor agudo o fuerte tensión emocional, y estos datos actuaron de forma automática a partir de ese momento, para dar órdenes a la persona sin su consentimiento. Los bancos de memoria estándar son aquellos en los que se archiva la experiencia para usarla en la estimación del esfuerzo necesario para la supervivencia, y se relacionan con el pensamiento analítico. Hay un almacenamiento adicional de la memoria en sí, en una forma más pura que en estos bancos, pero esta memoria está contenida en las facultades del thetán.

La *entidad genética* es ese beingness, que no es diferente al thetán, y que ha hecho avanzar al cuerpo y lo ha desarrollado desde sus primeros momentos a lo largo de la línea evolutiva en la Tierra. Y que, mediante la experiencia, la necesidad y la selección natural, ha empleado los contra-esfuerzos del entorno para diseñar un organismo de la mejor clase posible para la supervivencia, limitado sólo por las capacidades de la entidad genética. La meta de la entidad genética es la Supervivencia en un plano mucho más basto de materialidad.

El *cuerpo* es en sí, una máquina de carbono y oxígeno que funciona a una temperatura de 37 °C con carburantes de baja combustión que por lo general proceden de otros seres vivos. La entidad genética regula directamente al cuerpo en actividades como la respiración, los latidos del corazón y las secreciones endocrinas, pero estas actividades pueden ser modificadas por el thetán.

Podría decirse que la mente humana es la actividad primaria del *thetán* con su propia memoria y capacidad, más los *bancos de memoria* estándar analíticos modificados por los bancos de memoria reactiva de la *entidad genética,* y limitados por las capacidades y adaptabilidades mecánicas del *cuerpo* en sí que están en acción.

Estas cuatro partes del *Homo sapiens* son separables entre sí.

La personalidad y el beingness que en realidad es el individuo, y es consciente de ser consciente, y que ordinaria y normalmente es la "persona", y quien el individuo piensa que es, *es* el thetán. Y este estado de ser consciente puede continuar, es clarificado y no es interrumpido por una separación del cuerpo, la cual se puede lograr con el procesamiento estándar.

El thetán es inmortal y posee facultades que exceden por mucho a las que hasta ahora se habían predicho para el Hombre. Y la separación logra alcanzar, en la práctica sensata de esta ciencia, la realización de metas que el espiritismo, el misticismo y otros campos afines visualizaron, pero es dudoso que alguna vez las hayan alcanzado.

La anatomía del beingness del Hombre es uno de los estudios menores de Scientology, donde ese beingness se relaciona sólo con el *Homo sapiens.* Pues la separación del *thetán,* mediante el Procedimiento Operativo Estándar, es muy sencilla en la práctica común. Y por lo tanto, es poco fructífero explorar a mayor profundidad la combinación restante de los *bancos estándar y reactivos,* la *entidad genética* y el *cuerpo,* ya que estos tres últimos son una combinación especializada. No obstante, el desarrollo de la tecnología necesaria para producir un estado de beingness completo, de lo que se descubrió que el Hombre es en realidad, ha proporcionado datos y tecnología de importancia en el campo de los registros de memoria, las peculiaridades del comportamiento de la energía que está en torno del cuerpo mismo y cerca de él, al igual que la construcción del universo real. La mayor parte de los datos que conciernen al *Homo sapiens,* aparte del beingness del thetán, se han tratado adecuadamente con anterioridad y en otra parte.

El beingness del Hombre es en esencia el beingness de theta en sí actuando en el universo MEST y en otros universos para el logro de las metas de theta y bajo la determinación de un individuo específico y una personalidad en particular para cada ser.

NOTA: en esfuerzos anteriores por mejorar su estado de beingness, el Hombre ha considerado al *Homo sapiens* como una unidad inseparable que estaba viva o estaba muerta. Además, el Hombre ha considerado necesario, cuando pensó en eso en grado alguno, abordar y reducir las incursiones del pasado antes de que el individuo pudiera asumir un elevado nivel de beingness en el presente. En Dianética, se encontró que la mente podía subdividirse en dos partes. La primera era la *mente analítica,* que realizaba para el individuo el pensamiento y las computaciones propiamente dichas, pero que, en el estado civilizado actual del Hombre estaba casi sumergida. La segunda era la *mente reactiva*. Se consideró que la mente reactiva era un mecanismo de estímulo-respuesta que se basaba en datos de experiencias carentes de pensamiento y que actuaba de acuerdo a esos datos. Se encontró que el contenido de la mente reactiva era la acumulación de las malas experiencias del organismo, no sólo en su vida actual, sino también en las otras vidas que al parecer había vivido, con el fin de llevar a cabo la tarea de la evolución y para llegar a su estado de beingness estructural actual. La mente reactiva era el anteproyecto, pero también era lo que dictaba la acción de estímulo-respuesta. La fórmula que describía la mente reactiva era que *todo se identifica con todo.* Dianética logró mucho en cuanto a la elevación del beingness reduciendo los incidentes más violentos que se encontraban en la mente reactiva mediante un proceso conocido como "borrado de engramas". Un *engrama* era un periodo de dolor e inconsciencia, momentáneo o prolongado, como ocurriría en una lesión, operación o enfermedad. Tales incidentes se podían reducir con sólo "retornar" al individuo al momento del accidente y luego repasar el accidente paso a paso, perceptico por perceptico, como si estuviera sucediendo de nuevo. Después de hacer esto varias veces, se veía que el accidente ya no tenía valor de mando sobre el individuo. Se encontró que la reducción del valor de mando de la mente reactiva era necesaria para resolver adecuadamente la aberración. Compréndase que la meta era la reducción del valor de mando de la mente reactiva; no sólo la reducción de la mente reactiva. Cuando se están abordando los problemas de un individuo o de un grupo de personas, la reducción del valor de mando de la mente reactiva sigue siendo la meta, donde Scientology se utiliza como proceso para erradicar la aberración. Pero hay otros dos métodos disponibles para reducir este valor de mando. El primero estriba en retirar la mente analítica de la proximidad de la mente reactiva, y aumentar entonces el potencial de la mente analítica hasta que pueda dominar y manejar a cualquier mente reactiva con facilidad. El segundo es simplemente la rehabilitación de la mente analítica, permitiéndole usar su capacidad creativa en la construcción de un universo propio. Se encontró que no tenía sentido reducir incidentes de la mente reactiva más allá del punto en que la mente analítica pudiera apartarse de la mente reactiva y entonces dominarla. Dianética es una terapia que aborda directamente la mente reactiva para reducir su valor de mando. Scientology es un tema muy extenso con una aplicación mucho más amplia. Tiene como meta el beingness que puede existir sin energía o materia, es decir, sin tiempo, sea *Homo sapiens* o no. Dianética fue un paso evolutivo, una herramienta que fue útil para llegar a un nivel superior de conocimiento. Su uso, sin embargo, producía resultados más lentos y metas mucho menores. Además, los procesos de Dianética eran limitados ya que sólo podían aplicarse durante unos cuantos cientos de horas, sin que la mente reactiva asumiera un nivel de mando muy elevado sobre la mente analítica, debido al hecho de que en el proceso se estaba validando continuamente a la mente reactiva, mientras que el mejor proceso era validar a la mente analítica. La medicina y la psicología, como se practican en la actualidad, han tomado y usado muchos de los principios de Dianética sin mostrar interés en conocer los últimos desarrollos en el campo de la mente, como se presentan aquí. De esta manera, la sociedad absorbe el conocimiento y muy frecuentemente lo entiende mal. —LRH

∞

Capítulo Dos

La Teoría Theta–Mest

"En Scientology, nos referimos al estático con el símbolo matemático theta. Al cinético se le llama MEST".

Capítulo Dos

La Teoría Theta-Mest

SCIENTOLOGY ES EN ESENCIA un estudio de la *estática* y la *cinética*. Quizás incluso sea más exacta que las llamadas ciencias físicas. Pues se ocupa de un estático teórico y un cinético teórico, que se encuentran en los extremos opuestos de un espectro de todo el movimiento.

Una de las contribuciones más valiosas de Scientology al conocimiento es la definición de un verdadero estático:

Un estático no tiene movimiento; no tiene amplitud, longitud, extensión, ni profundidad; no se mantiene en suspensión mediante un equilibrio de fuerzas; no tiene masa; no contiene longitudes de onda; no tiene ubicación en el tiempo ni en el espacio.

En el pasado, un estático se definía sólo como "un objeto sin movimiento", definición que no es adecuada, puesto que un objeto o un estado de reposo para un objeto, se logra únicamente mediante un equilibrio de fuerzas. Y todos los objetos en sí tienen movimiento, aunque sólo sea a nivel molecular, y existen en el espacio, que es en sí una porción integral del movimiento.

Por tanto, vemos que nos estamos ocupando de un estático de nivel superior.

Las facultades del estático no tienen límite.

El estático interactúa con el cinético, que se considera como lo máximo en cuanto al movimiento.

En Scientology, nos referimos al estático con el símbolo matemático *theta*. Al cinético se le llama *MEST*.

Theta puede ser la cualidad característica o el beingness de cualquier individuo y para nuestros fines, se considera que es individual para cada persona.

MEST significa *Materia, Energía, Espacio* y *Tiempo,* es un término compuesto de la primera letra de cada una de estas palabras (en inglés: *Matter, Energy, Space* y *Time*). Cuando la palabra "MEST" aparece sola, indica el universo físico. "(mest)", acompañada de una palabra que lo indique, designa el universo de otro*.

El original de la Teoría Theta–MEST puede encontrarse en el libro: *La Ciencia de la Supervivencia* (1951). Después de llegar al concepto del verdadero estático, los problemas del procesamiento empezaron a resolverse con mucha más rapidez. Y la prueba principal de la Teoría Theta–MEST es su funcionalidad y el hecho de que predijo una enorme cantidad de fenómenos que, cuando se buscaron, se encontró que existían, y que al aplicarlos, resolvían los casos con rapidez.

Ahora se considera que el origen de MEST reside en theta como tal, y que MEST, que es como conocemos al universo físico, es un producto de theta.

El físico ha demostrado adecuadamente que la materia parece estar compuesta de energía que se ha condensado siguiendo ciertas pautas. En Scientology, también puede demostrarse en forma adecuada que theta produce energía y que la energía emana de ella. Por tanto, podría considerarse que theta, al producir energía, condensa el espacio en que está contenida la energía, que entonces se convierte en materia.

*Cuando decimos MEST, queremos decir el universo físico. Y cuando hablamos sobre el universo de otro, usamos paréntesis con letras minúsculas (mest). Por ejemplo, el propio (mest). —LRH

Esta teoría de la condensación se confirma al examinar el estado de aberración de muchos preclears quienes, como se ha observado, han descendido en la Escala Tonal en la medida en que se contrajo su propio espacio, y se observó que estaban rodeados de riscos, y que están, por tanto, "sólidos" en la medida en que están aberrados. Además, se puede encontrar que son un "efecto" en proporción al grado en que estén solidificados en esa forma. Más aún, un psicótico trata las palabras y otros símbolos, incluyendo sus propios pensamientos, como si fueran objetos.

∞

Capítulo Tres

Tiempo, Espacio, Energía y Materia

"Podría considerarse que el tiempo es una manifestación en el espacio que es modificada por los objetos".

Capítulo Tres

Tiempo, Espacio, Energía y Materia

Tiempo

SE AFIRMA en los Axiomas de 1951 que se podría considerar al tiempo como el factor arbitrario único, y que por lo tanto, podría ser la única fuente de la aberración humana. Una investigación e inspección adicionales del tiempo han demostrado que es la acción de la energía en el espacio y se ha encontrado que la duración de un objeto es análoga en cierta medida a su solidez.

Podría considerarse que el tiempo es una manifestación en el espacio que es modificada por los objetos. Podría considerarse que un objeto es cualquier manifestación unitaria de energía, incluida la materia.

Se puede establecer fácilmente que un individuo pierde su auto-determinismo en proporción a los objetos que posee y la fuerza que utiliza.

Podría considerarse que el tiempo es un término abstracto asignado al comportamiento de los objetos. Se puede encontrar que es posible regularlo por medio de postulados.

Se puede descubrir que el deseo, las imposiciones e inhibiciones en la posesión, en el dar y recibir objetos, establece una línea temporal.

En el campo del comportamiento y la experiencia, el *tiempo* se convierte en *tener.*

Tener y no tener forman, en sí, los intercambios que se convierten en Supervivencia.

Si el auditor procesa tener, dar y recibir energía y elementos, descubrirá que está procesando el tiempo directamente, y que mediante el procesamiento ha llevado a un nivel más alto el sentido del tiempo y la reacción del preclear hacia el tiempo.

La manifestación primaria de esto se encuentra en la criminalidad, donde el individuo es incapaz de concebir el hecho de invertir energía para conseguir un objeto. ¡No está dispuesto a "trabajar"! El criminal en particular, desea hacer que el *desear* y el *tener* confluyan de golpe y se queden sin tiempo. Aunque esto puede ser posible en el universo propio, no es posible en el universo MEST. El universo MEST está planeado de tal manera que el *trabajo* sea necesario con el fin de *tener,* estableciendo así una escala de gradiente de tener. El criminal no ha hecho la distinción entre su propio universo (que quizás tuvo alguna vez, y donde él podía obtener las cosas instantáneamente) y el universo MEST, por lo tanto, no tiene "respeto por la propiedad". La identificación de su propio universo con el universo MEST es tan marcada como para ser, en sí, una identificación altamente aberrada, haciendo así que su conducta sea destructiva para sí mismo y cause que fracase.

Un thetán crea el espacio. También lo puede conservar, alterar y destruir.

El espacio es la primera condición necesaria para la acción. La segunda condición necesaria es la energía. La tercera condición es la posesión o la no-posesión.

Para los propósitos del procesamiento (y posiblemente para muchos otros) el *espacio* puede considerarse como el equivalente, en experiencia, al *beingness*. Uno *es* en la medida en que tenga espacio y en la medida en que pueda alterar y ocupar ese espacio.

Energía

Las cualidades de la energía son tres: la primera son sus *características existentes*. La segunda es su *longitud de onda*. La tercera es su *dirección de flujo* o *ausencia de dirección del flujo*.

Las características, a su vez, se pueden dividir en tres clasificaciones. Estas son *flujos, dispersiones* y *riscos*.

El flujo es una transferencia de energía de un punto a otro. Y la energía que hay en un flujo puede tener cualquier tipo de onda, desde las ondas sinusoidales más simples hasta las ondas de ruido más complejas. El flowingness (condición de flujo) es simplemente la característica de transferringness (la condición de transferencia).

Una dispersión es principalmente una cantidad de flujos que se extienden desde un centro común. El mejor ejemplo de una dispersión es una explosión. Existe algo llamado dispersión hacia adentro. Sería cuando los flujos viajan todos hacia un centro común. A esto podría llamársele implosión. El flujo de salida y el flujo de entrada desde un centro común se clasifican ambos con la palabra dispersión, para tener una clasificación práctica.

El tercer tipo de característica de la energía es el risco. Un risco es, en esencia, energía suspendida en el espacio. Se produce cuando flujos, dispersiones o riscos inciden entre sí con suficiente solidez como para producir un estado de energía que persiste. Una dispersión desde la derecha y una dispersión desde la izquierda, al chocar en el espacio con suficiente volumen, crean un risco que entonces seguirá existiendo después de que el flujo en sí haya cesado. La duración de los riscos es bastante larga.

Longitud de onda es la distancia relativa entre nodo y nodo en cualquier flujo de energía. En el universo MEST, la longitud de onda se mide normalmente en centímetros o en metros. Cuanto mayor sea la cantidad, más corta se considera que es la longitud de onda en la escala de gradiente de longitudes de onda. Cuanto menor sea la cantidad, más alta se considera que es la longitud de onda en una escala de gradiente. La radio, el sonido, la luz y otras manifestaciones tienen cada una su lugar en la escala de gradiente de longitudes de onda. La longitud de onda no tiene ninguna relación con la característica de la onda, pero sí tiene relación con el flujo o el flujo potencial. Un risco tiene un flujo potencial que, cuando se libera, puede suponerse que tiene una longitud de onda. Las diversas percepciones del cuerpo y del thetán se establecen, cada una de ellas, por una posición en la escala de gradiente de longitudes de onda. Cada una es un flujo de energía.

La dirección del flujo, en relación con el thetán, es de interés fundamental en el estudio de la energía. Habría flujo de salida y flujo de entrada. Podría haber un flujo de salida y un flujo de entrada para un punto-fuente externo al thetán y ese punto-fuente los causaría. Y podría haber un flujo de salida y un flujo de entrada en el thetán mismo, causados por el propio thetán.

Materia

Se supone que la materia es una condensación de energía. Cuanto más se condensa la energía, menos espacio ocupa y mayor llega a ser su persistencia. Un flujo de energía tiene una duración breve. Los flujos de energía, al encontrarse y causar riscos, adquieren mayor solidez y mayor duración.

Se encontrará que la solidificación de la *materia* es, en sí, duración o *tiempo.*

La energía se convierte en materia si se condensa. La materia se convierte en energía si se dispersa.

Las manifestaciones de la energía son, en esencia y a largo plazo, las manifestaciones de la materia. No se puede considerar la materia sin considerar también la energía.

En el procesamiento, no se hace distinción entre materia y energía, aparte de denominar como "acción" a las formas de flujo más libres y más instantáneas, y como "tener" a las formas más sólidas y más persistentes.

Para tener materia, uno debe tener espacio, debe tener energía y debe *tener.*

∞

Capítulo Cuatro

Afinidad, Comunicación y Realidad

"Un triángulo muy importante en Scientology es el Triángulo que se llama ARC".

Capítulo Cuatro

AFINIDAD, COMUNICACIÓN Y REALIDAD

EN LA EXPERIENCIA HUMANA (que probablemente es una experiencia superior a cosas como el universo material, y es lo que las crea), el *espacio,* la *energía* y la *materia* se convierten en *beingness, doingness* y *havingness.*

El beingness es espacio, independientemente de la energía y la materia.

El doingness requiere tanto espacio como materia.

Y el havingness requiere espacio y energía.

Tenemos una escala de gradiente del espacio a la materia, que para nuestros propósitos comienza en el número arbitrario 40.0, desciende hasta 0.0 para los propósitos del *Homo sapiens,* y hasta –8.0 para el propósito de valorar a un thetán. Esta escala de gradiente se llama la *Escala Tonal.*

Encontramos que el espacio es una característica de amplio alcance desde la parte superior hasta el punto más bajo de la escala, y es necesario para cada parte de ella. Pero se descubre que uno tiene cada vez menos espacio cuanto más desciende en la escala. Si alguien alcanzara el espacio cero para sí, alcanzaría, incluso como thetán, el cero.

El hecho de que el cuerpo tenga espacio y el thetán aparentemente (para sí) no lo tenga, es el responsable principal de la sensación de no-beingness por parte del thetán, lo que causa que olvide su propia identidad.

En esta Escala Tonal tenemos un punto teórico de ausencia de energía en 40.0 y un punto en que la energía empieza a ser sólida alrededor de 0.0. Muy por debajo de este nivel, encontramos que se forma materia del tipo que se conoce como universo material. Por lo tanto, se puede ver que esta Escala Tonal es una escala de gradiente de energía, y que la energía es libre hacia la parte superior de la escala y se vuelve menos libre y más fija según se desciende por la escala.

Un triángulo muy importante en Scientology es el Triángulo que se llama ARC. Esto significa *Afinidad, Realidad* y *Comunicación*. Se utilizó durante algún tiempo antes de que su relación con la energía se descubriera o se comprendiera.

La afinidad es una *característica de onda* y representa la gama de las emociones humanas.

Las emociones humanas se manifiestan en flujos, dispersiones y riscos de energía. Conforme las emociones descienden desde un nivel elevado en la escala a un nivel bajo, se encuentra que siguen un ciclo de dispersiones, flujos y riscos. Cada dispersión tiene un armónico en la escala, cada flujo tiene un armónico y cada risco tiene un armónico.

Si examinamos la escala hacia arriba partiendo de cero, encontramos Muerte como un risco, y en la emoción humana, una Apatía. La Apatía sube en cierta dirección a partir de Muerte, pero en este extremo los armónicos están muy juntos.

Hay dos emociones a las que no se ha dado nombre inmediatamente por encima de Apatía. Una de ellas, la siguiente por encima de Apatía, es un flujo. Justo encima de eso hay una dispersión parecida al miedo.

La siguiente emoción identificada por encima de Apatía es Pesar. El Pesar es un risco y lo ocasiona la pérdida.

Justo por encima de Pesar, hay un flujo.

Sin embargo, el siguiente nivel es la siguiente emoción identificada, la dispersión llamada Miedo, lo cual es un retraerse.

Justo por encima de esto hay un flujo llamado Hostilidad Encubierta.

Por encima de Hostilidad Encubierta está Enojo, que es un risco sólido.

Entre el Enojo en 1.5 y el Antagonismo en 2.0 hay una dispersión no identificada, pero visible en el comportamiento.

En 2.0 tenemos el flujo hacia fuera llamado Antagonismo.

Por encima de esto, en 2.5, hay una dispersión ociosa conocida como Aburrimiento.

Por encima del Aburrimiento, en 3.0, hay un risco llamado conservadurismo.

En 4.0 tenemos otro flujo llamado Entusiasmo.

Cada uno de estos puntos es un armónico de un punto inferior.

La característica de la energía (ya sea un flujo, una dispersión o un risco) se expresa en la emoción humana en términos de afinidad. La afinidad, como se usa aquí, es un grado de emoción. La afinidad es lo que da cohesión a las relaciones humanas y puede ser una aceptación o un rechazo de dichas relaciones. Su equivalente en el universo MEST es la cohesión y la adhesión o la repulsión de la materia y la energía en sí, como se encuentra en las corrientes positivas y negativas y en las formas de la materia.

Comunicación

La comunicación es un *intercambio* de *energía* de un beingness a otro.

En el thetán y en el *Homo sapiens,* la comunicación se conoce como “percepción”. No es sólo “hablar”, lo cual es una forma simbólica de comunicación que resume ideas, las cuales son, en sí, producto de la Escala Tonal o están por encima de la Escala Tonal, según las circunstancias.

La vista, desde luego, está en la longitud de onda de la luz.

El sonido se registra como audición.

El tacto y el olfato son tipos de onda de bajo nivel que pertenecen a la variedad de las partículas.

Y todas las demás percepciones pueden encontrarse en esta escala de gradiente de longitudes de onda, modificadas por la característica de la onda en cuanto al tipo (ya sea sinusoidal o más compleja).

El auditor debe darse cuenta de que la comunicación es, en esencia, energía dirigida o recibida, y la inhibe la disposición o falta de disposición del preclear para asumir responsabilidad por la energía o por las formas de energía. Cuando la responsabilidad es baja, la percepción es baja.

La realidad se determina por *la dirección de la onda* o por *la falta de movimiento.*

Según asciende en la Escala Tonal desde 0.0, el individuo encuentra que las realidades son más fuertes en los puntos de flujo y son más débiles en los puntos donde hay riscos en la escala. La realidad de la Apatía, el Pesar y el Enojo es muy deficiente. Pero en su proximidad inmediata hay realidades más intensas.

La realidad se determina por el acuerdo, el desacuerdo o la ausencia de opinión. El acuerdo es un flujo de entrada al individuo. El desacuerdo es un flujo de salida del individuo. La ausencia de opinión puede determinarse por la proximidad del individuo al centro de una dispersión o por un risco.

Debido a su abundancia de energía y formas de energía, el thetán normalmente encuentra que el universo MEST lo supera en lo que se refiere a las emanaciones de energía. Por lo tanto, él es el blanco de un flujo de entrada casi continuo que hace que tenga un acuerdo constante y continuo con el universo MEST. Rara vez está en desacuerdo con el universo MEST. Y el mejor procesamiento que se puede hacer es romper este acuerdo y transformarlo en un flujo opuesto. Pues sólo de esta manera se puede restablecer en un preclear su capacidad para manejar la energía y para ser responsable de ella.

Si le pides a un preclear que tenga el concepto de "estar de acuerdo", se encontrará experimentando un flujo de entrada hacia sí mismo. El hipnotismo se lleva a cabo haciendo que el sujeto reciba del operador un flujo rítmico o monótono continuo. Después de que este flujo ha continuado, el sujeto aceptará cualquier realidad que el operador quiera impartirle. En este caso, es evidente que el universo MEST y la solidez del universo MEST dependen por completo de la aceptación de la persona en cuanto al acuerdo.

La realidad es, en esencia, acuerdo y desacuerdo. Cuando uno habla de "realidad", habla en relación con el universo MEST. Descubrimos que el universo MEST, de acuerdo a cualquier computación que se quiera hacer sobre él, consiste en un acuerdo de alto nivel entre nosotros. Quienes están en desacuerdo con el universo MEST son castigados por el universo MEST. Desde el punto de vista del universo MEST, la materia en sí tendría la mayor realidad. Y parece que su meta evidente con respecto al thetán es convertirlo en energía sólida.

La realidad del universo propio es deficiente porque la persona está en un comatoso estado de acuerdo con el universo MEST. Sin embargo, en el procesamiento se descubre que un preclear está en una condición deficiente en proporción directa al grado de su aceptación del universo MEST, de su acuerdo con él y de haberlo obedecido. Y está en una condición buena y activa en proporción directa al grado en que pueda romper este flujo de acuerdo, establecer sus propios flujos, y crear así su propio universo.

La apreciación que uno tiene del universo MEST es casi de manera uniforme la energía que uno mismo pone en el universo MEST. En otras palabras, sus ilusiones. Cuando uno pierde sus esperanzas y sueños (sus ilusiones), es porque ha perdido su capacidad de emanar energía de vuelta hacia el universo MEST y depende de la energía que el universo MEST le lanza con fuerza.

ARC

Así, el ARC forma una Escala Tonal. En cualquier nivel, esta Escala Tonal encuentra un estado comparativo en la afinidad, en la realidad y en las capacidades de comunicación del preclear. Por lo tanto, al hacerle pruebas al preclear y descubrir su emoción crónica, su estado crónico de acuerdo o desacuerdo, y su capacidad para comunicarse o no comunicarse, se determina su nivel en esta Escala Tonal.

El ARC forma un triángulo cuyos vértices están todos a un mismo nivel de manera simultánea. Por lo tanto, si uno desea elevar el tono del preclear (y es lo que debemos hacer para aumentar su auto-determinismo), encontrará que no puede elevar el estado emocional del preclear sin abordar también su realidad y su comunicación. No se puede elevar la realidad del preclear sin ocuparse de sus problemas de afinidad y comunicación. No se puede elevar la comunicación con el preclear sin ocuparse de sus problemas de realidad y afinidad.

El peor error que puede cometer un auditor es subestimar este triángulo en el procesamiento*.

Existen dos posiciones para el preclear en la Escala Tonal cuando todavía es *Homo sapiens.* Se considera que el compuesto conocido como *Homo sapiens* está muerto en 0.0 y que puede subir por la Escala Tonal hasta un punto ligeramente por encima del Tono 4.0. De modo que el *Homo sapiens* tiene esto como su ámbito en la Escala Tonal. Sin embargo, el thetán que está por debajo del nivel de "consciencia de sí mismo" en cuanto al espacio y la energía, tiene un ámbito más amplio. Y como el thetán es básicamente el preclear (y en realidad también es el beingness y la identidad del preclear) este segundo ámbito es aún más importante. Este segundo ámbito va de –8.0 hasta 40.0 en la Escala Tonal. Se considera que la posición óptima para el thetán es 20.0, que es el punto de acción óptima. Un *Homo sapiens* como tal no podría lograr este nivel de la Escala Tonal debido a sus limitaciones físicas.

*En *La Ciencia de la Supervivencia* puede encontrarse una Escala Tonal más o menos completa, y el Libro Uno de esa obra se dedica por completo a una evaluación de la Escala Tonal y las personas. –LRH

∞

Capítulo Cinco

Identidad frente a Individualidad

"El beingness de alguien depende de la cantidad de espacio que pueda crear o tener bajo su dominio, no de su identificación ni de ninguna clasificación".

Capítulo Cinco

IDENTIDAD FRENTE A INDIVIDUALIDAD

LA CONFUSIÓN MÁS COMÚN en un preclear está entre él mismo como *objeto identificado* y su *beingness.*

El beingness de alguien depende de la cantidad de espacio que pueda crear o tener bajo su dominio, no de su identificación ni de ninguna clasificación.

La identidad, como la conocemos en el universo MEST, es casi lo mismo que la identificación (que es la forma más baja de pensamiento). Cuando uno es un objeto y es, en sí, un *efecto,* cree que su única capacidad para ser *causa* depende de que tenga una identidad específica y finita. Esto es una aberración. Conforme aumenta su beingness, aumenta su individualidad y se eleva rápidamente por encima del nivel de "necesidad de identificación" para sí mismo porque él es autosuficiente con su propia identidad.

La primera pregunta que se hace un preclear que está recibiendo Theta Clearing es, muy a menudo, la siguiente: "¿Cómo voy a determinar mi identidad si no tengo cuerpo?". Hay muchos remedios para esto. El peor método para tener identidad es tener un cuerpo. Conforme aumenta su individualidad y su beingness se expande (pues estos dos términos son casi sinónimos), este problema le preocupa cada vez menos. El hecho de que le preocupe el problema le indica al auditor el lugar en que el pc se encuentra en la Escala Tonal.

Uno de los mecanismos de control más comunes que se han utilizado con los thetanes es hacerles creer que cuando se elevan en potencial, encontrarán que son "uno con el universo". Esto sin lugar a duda es falso. Los thetanes son individuos. No se fusionan con otras individualidades conforme ascienden en la Escala Tonal. Tienen el poder de convertirse en cualquier cosa que deseen, mientras aún retienen su individualidad. Ellos son ante todo ellos mismos. Es evidente que no existe un Nirvana. La sensación de que "se fusionará" y perderá su propia individualidad, es lo que impide que el thetán trate de remediar su destino. Su fusión con el resto del universo significaría convertirse en materia. Esto es lo máximo en cuanto a condición de cohesión y lo máximo en afinidad, y se encuentra en el punto más bajo de la Escala Tonal. Uno desciende a una "fraternidad con el universo". Cuando sube en la escala, se vuelve cada vez más un individuo capaz de crear y de mantener su propio universo.

De esta forma (haciendo que la gente crea que no tiene individualidad por encima de la de MEST), es como el universo MEST ha acabado con toda competencia.

∞

∞

Capítulo Seis

BEINGNESS, DOINGNESS Y HAVINGNESS

"El doingness con energía y objetos, como se encuentra en el universo MEST, dista mucho de ser el único método de producir existencia".

Capítulo Seis

Beingness, Doingness y Havingness

Beingness

El ESPACIO NO ES NECESARIO para el beingness de un thetán cuando el thetán está por encima del nivel de tono de 40.0 y puede crear espacio a voluntad. Él crea espacio para tener un beingness específico.

En 40.0, *espacio* y *beingness* se pueden considerar intercambiables.

El beingness puede existir sin energía o materia; es decir, sin tiempo.

Doingness

La acción requiere de manifestaciones de espacio y energía. Y la definición de acción podría ser doingness dirigido hacia havingness.

Para realizar una *acción,* el preclear debe ser capaz de manejar *energía.*

El doingness con energía y objetos, como se encuentra en el universo MEST, dista mucho de ser el único método de producir existencia. Esta es una forma especializada de comportamiento y puede existir en cualquier universo, pero es muy peculiar al universo MEST.

Havingness

El tiempo es una manifestación abstracta que no tiene más existencia que la idea de tiempo ocasionado por objetos, donde un objeto puede ser *energía* o *materia*.

El tiempo puede definirse como cambio en el espacio. Pero cuando se intenta definir el movimiento como cambio en el espacio, la definición carece de utilidad, puesto que no se define qué es lo que está cambiando en el espacio. Tiene que haber algo que cambiar en el espacio para poder tener la ilusión de tiempo.

Como se descubrió anteriormente en Scientology, el único factor arbitrario es el tiempo. Esto se debe a que el tiempo no existía como tal, sino que provenía del havingness.

Cuando el Hombre experimenta el *tiempo,* está experimentando *havingness* y *no-havingness.*

El tiempo se resume en "tuve", "tengo" y "tendré". Las metas en el universo MEST se resumen uniformemente bajo el encabezado de "tendré". Uno entra en acción con el fin de tener.

Este es uno de los puntos más importantes del procesamiento. El individuo ha hecho un postulado de tener y luego ha obtenido algo que no quería en cada uno de los puntos de la línea temporal en donde lo encuentras atorado.

Ejemplo: deseaba tener un castillo. Puede haber emprendido una acción que le permitiera conseguir un castillo, pero una explosión que destruyó un muro frente a él lo detuvo y lo mató. La explosión lo atrapó con un postulado (lo que tendría) y le proporcionó algo que no quería. Al forcejear después con el facsímil, el auditor encontrará que el incidente empezó con un postulado de tener, y ahora está en un estado de indecisión, puesto que la explosión es indeseada.

Francamente, todos y cada uno de los incidentes aberrantes que se descubrirán en un preclear son una inversión del havingness en la que el preclear no quería algo y tuvo que tenerlo; o quería algo y no lo pudo tener, o quería algo y obtuvo algo distinto.

Todo el problema del futuro es un problema de metas. Todo el problema de las metas es el problema de la posesión. Todo el problema de la posesión es el problema del tiempo.

El tiempo es imposible sin la posesión de objetos.

De esta manera, se resuelve uno de los problemas más serios de la mente humana. Al auditor le puede resultar difícil abarcar este principio, pues el tiempo puede continuar existiendo para él como entidad; como algo desconocido que se cierne sobre él. Si él usa el principio de que el *pasado* es "tenía" o "no tenía", que el *presente* es "tiene" o "no tiene", y que el *futuro* es "tendrá" o "no tendrá", y que lo que divide y determina por completo el pasado, el presente y el futuro es el deseo, la imposición y la inhibición del havingness, descubrirá que su preclear se recupera con rapidez.

∞

∞

Capítulo Siete

PENSAMIENTO, EMOCIÓN Y ESFUERZO

"Las ideas son invariable e inevitablemente superiores a la fuerza y a la acción, si esas ideas provienen del pensamiento auto-determinado".

Capítulo Siete

PENSAMIENTO, EMOCIÓN Y ESFUERZO

EL PENSAMIENTO ES EL nivel más elevado que se puede alcanzar. Es de dos variedades. Una de ellas es el pensamiento Clear establecido por la voluntad, que abarca desde 10.0 en la Escala Tonal hasta un punto muy por encima de 40.0. La otra es el pensamiento que establecen los contra-esfuerzos, como en el *Homo sapiens,* y que se rige en su totalidad por el mecanismo de estímulo-respuesta. La primera podría llamarse *pensamiento auto-determinado*. La segunda podría llamarse *pensamiento reactivo*.

El pensamiento auto-determinado se expresa como voluntad, y consiste en la creación de postulados que se basan en la evaluación y en conclusiones. La voluntad no existe en el tiempo cuando se encuentra en este nivel. La voluntad del *Homo sapiens,* como en una ocasión mencionara Schopenhauer, es la terquedad que toma el lugar del intelecto. La fuerza de voluntad en el *Homo sapiens* es por lo general la fuerza de un circuito demonio. Libre del cuerpo y de sus riscos, que en sí contienen pensamiento de estímulo-respuesta, el thetán puede cambiar sus postulados realizando nuevas evaluaciones y conclusiones, y puede expresar su voluntad directamente. Es muy difícil que un thetán que está dentro de la cabeza y que se enfrenta a los riscos de estímulo-respuesta del cuerpo, haga algo que no sea obedecer a estos flujos de estímulo-respuesta de acuerdo con el universo MEST.

Las ideas son invariable e inevitablemente superiores a la fuerza y a la acción, si esas ideas provienen del pensamiento auto-determinado.

Las ideas que surgen del pensamiento de estímulo-respuesta a veces presentan una similitud con las ideas auto-determinadas que es casi imposible distinguir, pero son ocasionadas por la lógica asociativa.

En el *Homo sapiens* es muy común que la persona se crea incapaz de originalidad. Esto se debe a que el universo MEST no tolera ningún competidor. Al actuar en un plano altamente auto-determinado, la originalidad es fácil de alcanzar.

Por lo tanto, lo que llamamos fuerza de voluntad podría tener dos manifestaciones. La primera sería el pensamiento auto-determinado en sí. La segunda sería el resultado de un pensamiento impuesto o inhibido. Cuando el *Homo sapiens* intenta usar su fuerza de voluntad, por lo general hace que fluyan los riscos que rodean al cuerpo, y es anulado por ellos, y se ve obligado a tener un comportamiento aberrado.

Las ideas, cuando son en forma de pensamiento auto-determinado, existen por encima del nivel de 40.0 en la Escala Tonal y se extienden hacia bajo, adentrándose en la banda de acción.

Las ideas del tipo estímulo-respuesta son ocasionadas por la experiencia que los facsímiles mantienen y contienen y en realidad los circuitos se las dictan al *Homo sapiens*.

El Procesamiento de Postulados es el procesamiento que aborda los postulados, las evaluaciones y las conclusiones del preclear al nivel de pensamiento auto-determinado. Sin embargo, el Procesamiento de Postulados tiene cierto valor cuando se dirige a las ideas de estímulo-respuesta. Junto con el Procesamiento Creativo, el Procesamiento de Postulados es el método primario y de más alto nivel para procesar a un thetán, y constituye Scientology 8-8008.

La emoción, como la conoce el *Homo sapiens,* abarca desde un punto ligeramente por encima de 4.0 hasta 0.0, y depende de las características de onda.

El esfuerzo es una manifestación de un nivel aún más bajo que la emoción.

La materia sería la banda inferior del esfuerzo.

∞

∞

Capítulo Ocho

FACSÍMILES

"Un facsímil es un cuadro de energía que se puede volver a ver".

Capítulo Ocho

FACSÍMILES

LA MEJOR DESCRIPCIÓN de los facsímiles se encuentra en *Auditación Electropsicométrica*.

Un *facsímil* es un cuadro de energía que se puede volver a ver.

Los facsímiles pueden dispersarse o fluir cuando se les aplica nueva energía, ya sea exterior al thetán o procedente del thetán. De esta manera, el entorno puede poner un facsímil en acción, o el thetán lo puede poner en acción. La forma más habitual de controlar al *Homo sapiens* es dirigir energía hacia sus facsímiles y ponerlos en acción, con el fin de hacerle dramatizar facsímiles y pautas de entrenamiento.

Por lo general, grandes cantidades de facsímiles se encuentran fijos sobre riscos.

Un facsímil contiene más de cincuenta percepciones que se pueden identificar con facilidad. También contiene emoción y pensamiento.

Existen muchos métodos para procesar facsímiles.

∞

Capítulo Nueve

Procesamiento de Ayuda

"El auditor debe conocer el Procesamiento de Facsímiles ante todo para recorrer una ayuda y para saber más sobre la anatomía de la mente humana".

Capítulo Nueve

PROCESAMIENTO DE AYUDA

UNA AYUDA ES el procesamiento que se da a un ser humano o a un thetán que ha tenido una lesión reciente con el propósito de aliviar la tensión de la energía viva que está manteniendo la lesión en suspenso.

El recorrer directa y completamente la energía contenida en el facsímil reciente, se hace recorriendo continuamente el incidente de principio a fin, como si le estuviera sucediendo al preclear (en ese momento), y recuperando de él todos los deseos de *tenerlo* y *no tenerlo*. Y cuando esto se ha hecho hasta un punto en que la energía se desensibiliza y la lesión es menos dolorosa, se dirige al preclear para que la maneje en diferentes lugares y tiempos, que la revierta y haga otras cosas con ella (como se explicará después en el *Procesamiento Creativo*).

La ayuda es muy importante ya que puede causar que una lesión sane o que una persona se recupere en una fracción del tiempo que se requeriría en otras circunstancias. Y en muchos casos puede salvarle la vida al individuo, como lo ha hecho tantas veces en el pasado.

El auditor debe conocer el Procesamiento de Facsímiles ante todo para recorrer una ayuda y para saber más sobre la anatomía de la mente humana.

∞

∞

Capítulo Diez

El Ciclo-de-Acción

"Una vida se vive en un ciclo-de-acción".

Capítulo Diez

El Ciclo-de-Acción

Un CICLO-DE-ACCIÓN depende, en lo que respecta a su magnitud, de un ciclo de *havingness* porque es un ciclo de *tiempo*. Pero, como hemos visto, el *tiempo* es un término abstracto para describir al *havingness*.

El inicio de un ciclo depende de un estado de *havingness,* luego continúa como un *havingness cambiado,* y termina con *no-havingness*. Estas condiciones de havingness producen una ilusión de tiempo. Cuando una persona no posee nada, no concibe que posee tiempo. Así es como se pierden para el individuo las partes más tempranas de la línea temporal, pues no tiene tiempo en ellas, ya que no tiene ninguna posesión en ellas.

La descripción más básica de esto debería hacerse en relación con el havingness, pero el ciclo también puede expresarse de manera más abstracta en los siguientes términos:

Creación, Crecimiento, Conservación, Deterioro y *Muerte* o *Destrucción*.

Este sería el ciclo de cualquier objeto (como se trata posteriormente, *Procesamiento Creativo*). También sería el ciclo-de-acción en lo que respecta a un objeto en el universo MEST.

Un ciclo-de-acción no es necesariamente fijo para todos los universos. Es común al universo MEST. No hay ninguna razón por la que en algún universo el ciclo vaya de un havingness deteriorado hacia un crecimiento. Pero esto nunca ocurre en el universo MEST, (excepto a través del punto de no-havingness: la muerte o la destrucción).

Un ciclo-de-acción también se puede expresar de otra manera, en lo que respecta a la acción de la energía. El movimiento se caracteriza únicamente por tres condiciones y todo movimiento es parte de la escala de gradiente de estas tres condiciones. Estas condiciones son:

Comenzar, Cambiar y *Parar.*

En cuanto a la de experiencia, esto se compara con:

Beingness, Doingness y *Havingness.*

En los últimos 76 billones de años, el preclear ha vivido a través de "espirales". Al principio, estas espirales eran muy largas, y luego se fueron acortando cada vez más, hasta que para la mayoría, la espiral actual es de unos cuarenta mil años, en comparación con la espiral inicial de 100 millones de años. Por lo tanto, también se puede representar la magnitud del havingness del individuo en cada una de estas espirales. Una espiral no es diferente a una vida. Una vida se vive en un ciclo-de-acción. Por lo general, una vida pasada está obscurecida debido a que la persona no tiene el cuerpo de esa vida (y concibe que ahora tiene otra identidad) y no está relacionada con la vida anterior mediante un havingness. Sin embargo, definitivamente está relacionada con sus muchas vidas pasadas por los facsímiles de esas vidas que ahora ignora.

El havingness pasado, el havingness presente y el havingness futuro marcan el beingness pasado, el beingness presente y el beingness futuro, y también la acción pasada, la acción presente y la acción futura. El pasado, el presente y el futuro se determinan mediante el havingness. Pero tanto el havingness como el doingness y el beingness deberían procesarse como factores íntimamente relacionados en este ciclo-de-acción.

La condición del cuerpo en sí y su posición en el ciclo-de-acción, según se aplica a la vida actual, determina en gran medida la actitud del preclear hacia el procesamiento. El preclear reacciona al procesamiento de un modo muy similar a la forma en que le dicta la condición del cuerpo y su posición en el ciclo. El cuerpo pasa por las etapas de creación, crecimiento, conservación, deterioro y muerte. Una persona de mediana edad no desea ningún cambio, y por esa razón puede ser difícil procesarla, pues el auditor está tratando de lograr un cambio. Una persona que está en el área final del ciclo sólo recorrerá información sobre sucumbir, y en realidad hará un esfuerzo por sucumbir mediante el procesamiento. Por lo general, sus incidentes son de pesar y pérdida, pues estas son las manifestaciones del havingness en deterioro. No tiene ante sí esperanzas de tener y por lo general todo su havingness del pasado ya no está con ella.

Se descubre que el thetán, que está en el ciclo más amplio de la espiral, y se encuentra al principio de la espiral, tiene un elevado estado de creatividad, un poco más tarde está decidido a lograr un aumento de havingness, un poco más tarde intentará cambiar para evitar conservar, un poco más tarde estará conservando, y luego se concentrará sólo en deteriorarse y morir, y al final se concentra en la muerte en sí. El auditor debería diferenciar con mucha exactitud entre el ciclo de la espiral que se aplica al thetán y el ciclo de una vida. Puede encontrar que una persona muy joven todavía se encuentra en estado de crecimiento (y al parecer, la vida de la persona debería estar plena de esperanza de vivir mucho) sin embargo, el comportamiento general de la persona se dirige de manera casi uniforme hacia sucumbir.

Cuando el thetán se exterioriza del cuerpo, se le encuentra desganado y seguro de que el final de esta espiral está cerca. Normalmente no se da cuenta del hecho de que tendrá otra espiral después de esta; o si se da cuenta, cree que será una espiral más corta, y lo será. Pero esto puede remediarse mediante Procesamiento de Postulados.

∞

Capítulo Once

EXPERIENCIAS RELACIONADAS

"Existe una tabla de relaciones que el auditor debe tener".

Capítulo Once

Experiencias Relacionadas

EXISTE una tabla de relaciones que el auditor debe tener. Se dividen en tres columnas generales. Cualquiera de estas columnas se puede abordar primero, pero las tres deben abordarse en cualquier tema. Se puede considerar que los niveles verticales de la columna son términos sinónimos.

40.0	20.0	0.0
Comenzar	Cambiar	Parar
Espacio	Energía	Tiempo
Beingness	Doingness	Havingness
Positivo	Actual	Negativo
Creación	Alteración	Destrucción
Concepción	Vivir	Muerte
Diferenciación	Asociación	Identificación

El ARC se relaciona con cada columna o a cualquiera de las declaraciones de experiencia antes mencionadas.

Las ocho dinámicas se relacionan con cada columna y por lo tanto, a cualquiera de las declaraciones de experiencia antes mencionadas.

∞

∞

Capítulo Doce

Diferenciación, Asociación e Identificación

"La diferenciación más amplia posible existe en el momento de la creación".

Capítulo Doce

Diferenciación, Asociación e Identificación

NA CONDICIÓN ESPECIAL de *comenzar, cambiar* y *parar* se manifiesta en la propia trama y urdimbre del universo MEST, y se puede representar en la Escala Tonal.

La *diferenciación* se encuentra en lo más alto de la Escala Tonal, y es una condición del nivel más elevado de cordura e individualidad.

La *asociación,* o similitud, es una condición que existe desde los niveles más altos hasta los más bajos de la escala.

La *identificación* está en la parte más baja de la escala.

La condición del preclear se puede determinar con facilidad mediante su capacidad para asociar. Sin embargo, puede asociar demasiado bien. La asociación es la esencia de la lógica. La lógica es la escala de gradiente de relacionar unos hechos con otros. Conforme la lógica llega a la parte inferior de la escala, esta relación se hace cada vez más sutil, hasta que al final se llega a la identificación, y el pensamiento puede expresarse en forma de A=A=A=A.

(Una excelente interpretación de esto, aunque no se relacionaba de forma funcional con la experiencia y no tenía una terapia realmente funcional, se encuentra en la semántica general, en el libro *Ciencia y Cordura* de Alfred Korzybski).

La demencia es la incapacidad para asociar o diferenciar correctamente. La experiencia en sí queda sin control en el nivel más profundo de identidad. Cuanto más fija pueda estar la identidad de la persona, menos capaz será de experimentar. La fama tiene como finalidad una identificación completamente fija que es atemporal, pero que desafortunadamente es materia y en forma igual de desafortunada es inacción.

La diferenciación más amplia posible existe en el momento de la creación. En este momento, la persona está comprometida en un ciclo-de-acción que, conforme continúa, ella puede controlarlo cada vez menos y su entorno lo gobierna cada vez más. Conforme aumenta su grado de havingness, más la controla lo que ha tenido y lo que tiene. Y esto determina lo que tendrá, que desde luego es menos libertad, menos individualidad y más havingness.

La asociación se expresa en el preclear en función de la forma en que piensa. Cuando alcanza el nivel bajo de asociación, supone que está pensando de forma conexa, pero en realidad está pensando de forma completamente disociada, pues identifica los hechos con otros hechos con los que no deberían identificarse.

Las ideas de un hombre que está a punto de morir o que está aterrado no son cuerdas. La identificación lleva, como su manifestación propia, una solidez a todo, lo que incluye el pensamiento. El auditor que procesa a un preclear que está muy bajo en la Escala Tonal, (que sea neurótico o psicótico) descubrirá con facilidad que para este preclear los pensamientos son objetos. Y que en muchos casos, el tiempo en sí es un tema de enorme preocupación para él. Los pensamientos, los incidentes y los símbolos son objetos. Esto se ve comúnmente en la sociedad en lo que se refiere a la preocupación excesiva por las palabras. Una persona que ha caído tan bajo en la Escala Tonal como para que las palabras se hayan convertido en objetos (y deban manejarse como tales, y existan sin tener una relación real con las ideas) parará un flujo de ideas por un ultraje a su sentido de las palabras, el cual, si él está bajo en la Escala Tonal, resulta fácil ultrajar.

La diferenciación, la asociación y la identificación pertenecen, con razón, a la escala que se presentó antes *(Experiencias Relacionadas)* y pueden procesarse como parte de esta escala. Pero son una medida muy exacta del pensamiento en sí y de las ideas. Se puede trazar una Escala Tonal adecuada para cualquier individuo usando sólo estas tres palabras.

Muy a menudo, el auditor encontrará a un individuo que es muy lógico y bastante brillante, y que sin embargo es muy difícil de procesar. Esta persona ha llegado a estar de acuerdo con el universo MEST hasta tal punto que su asociación ha alcanzado proporciones casi de solidez. Los facsímiles y los riscos de este individuo se han vuelto demasiado sólidos y, en consecuencia, son muy difíciles de procesar. Esta condición de solidez puede referirse sólo al cuerpo del preclear (que en sí es viejo) y puede descubrirse que el thetán (el propio preclear) tiene bastante vitalidad y es capaz de hacer una amplia diferenciación, pero que esta diferenciación está seriamente limitada por los riscos y los facsímiles que rodean al cuerpo. Estos cuerpos tienen una apariencia pesada. Se necesita un thetán enormemente poderoso para manejarlos a pesar de la solidez de los riscos que rodean al cuerpo.

Podría decirse que las matemáticas son el arte abstracto de simbolizar asociaciones. Las matemáticas aparentan tratar con igualdades. Pero las igualdades en sí no existen en el universo MEST, y sólo pueden existir conceptualmente en cualquier universo. Las matemáticas son un método general para poner a la vista asociaciones que no podrían percibirse con facilidad sin su uso.

La mente humana es un servomecanismo para todas las matemáticas. Las matemáticas pueden dar forma, de manera abstracta y mediante sus mecanismos, a coincidencias y diferencias que están fuera del campo de la experiencia en cualquier universo y son de gran utilidad. El mejor uso que podemos darles es considerarlas como un sistema para abreviar la experiencia, tomando en cuenta que pueden representar simbólicamente por encima de lo real.

La esencia de las matemáticas radica en la diferenciación, la asociación y la identificación; lo que significa que las igualdades no deben considerarse como invariables en el universo real. Los absolutos son inalcanzables en la experiencia, pero pueden simbolizarse mediante las matemáticas.

∞

∞

Capítulo Trece

Pautas de la Energía

"La energía adopta formas que siguen muchas pautas".

Capítulo Trece

Pautas de la Energía

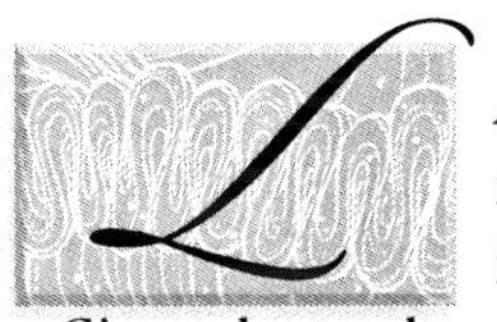

La energía adopta formas que siguen muchas *pautas*. La geometría de esta adopción de formas constituiría un estudio muy interesante. Sin embargo, las pautas se forman mediante postulados, y no tienen otra existencia.

El thetán ve las pautas de la energía como *presores, tractores, explosiones, implosiones, riscos presores, riscos tractores, riscos presores tractores,* y *bolas* y *láminas.*

El presor es un rayo, que un thetán puede emitir, el cual actúa como una vara y con el cual uno puede impulsarse para alejarse o impulsar cosas para alejarlas. El rayo presor puede alargarse y al alargarse, aleja empujando.

Un rayo tractor es un rayo que el thetán emite con el fin de jalar los objetos hacia él. El rayo tractor es un flujo de energía que el thetán acorta. Si uno colocara el haz de luz de una linterna sobre una pared y luego, manipulando el haz, acercara a él la pared, tendría la acción de un rayo tractor.

El thetán usa los rayos tractores para extraer *percepción* de un cuerpo. Los rayos presores se usan para dirigir *acción*. Por lo general, los tractores y los presores existen juntos, el tractor a modo de lazo por fuera del presor. Los dos, juntos, se estabilizan entre sí.

Una explosión es un flujo de energía hacia afuera, por lo general violento, aunque no necesariamente, desde un punto de origen más o menos común.

Una implosión podría compararse al colapso de un campo de energía, como una esfera hacia un punto central común, formando un flujo de entrada. Puede suceder con la misma violencia que una explosión, pero no necesariamente sucede así.

Un risco presor sería el risco formado por dos o más rayos presores actuando unos contra otros en conflicto.

Un risco tractor sería el risco formado por dos rayos tractores en conflicto, actuando uno contra otro.

Un risco presor-tractor sería una combinación de flujos presores tractores que chocaran con suficiente intensidad como para producir una solidificación de energía.

Un risco es un cuerpo sólido de energía causado por diversos flujos y dispersiones, el cual tiene una duración mayor que la duración de los flujos. Cualquier trozo de materia podría considerarse un risco en su última etapa. Sin embargo, los riscos existen en suspensión en torno a la persona y son bases sobre las que se acumulan los facsímiles.

Dos explosiones que actúan una contra otra pueden formar un risco.

Estas manifestaciones de energía se usan al manejar la energía, ya sea en el procesamiento o en la acción.

∞

Capítulo Catorce

Negro y Blanco

"Negro y blanco son los dos extremos de la manifestación de la percepción...".

Capítulo Catorce

NEGRO Y BLANCO

EGRO Y BLANCO son los dos extremos de la manifestación de la *percepción* por parte del preclear.

El thetán percibe mejor su propia energía. Pero cuando percibe energía, desea percibirla en blanco o en color. El color es una descomposición de la blancura. Al ver blancura o color, el thetán puede discernir y diferenciar objetos, acciones y dimensiones espaciales.

La energía también puede manifestarse como negrura. Un espacio que contiene energía negra sería negro, pero un espacio negro puede ser simplemente un espacio que existe sin energía en él. Este punto de identificación es muy aberrante, y los ejercicios para permitir que el thetán maneje la negrura son obligatorios en el procesamiento. Si uno recuerda el miedo que le tenía a la negrura cuando era niño, y que el mal se representa como negrura, verá la necesidad de hacer esto. La negrura es lo desconocido, pues puede contener energía, puede estar vacía o puede ser energía negra.

Los flujos de energía negra son comunes en la Escala Tonal de Longitudes de Onda. Existe, por ejemplo, lo que se conoce como la "banda negra del sonido".

Algunos thetanes no percibirán nada en absoluto, porque conciben que están rodeados de negrura y no están seguros si la negrura tiene sustancia o simplemente está vacía, y no se atreven a averiguarlo. Un caso así se resuelve haciendo que el caso se ejercite con negrura hasta que la negrura pueda encenderse y apagarse, y se le pueda localizar en el espacio y en el tiempo. Aunque esto se menciona brevemente, es un punto de máxima importancia.

El Recorrido de Negro y Blanco y el Recorrido de Estética de Negro y Blanco son procesos antiguos que hoy en día no son necesariamente vitales para el procesamiento. Sin embargo, la energía blanca se recorre con facilidad. Y cuando el preclear tiene un punto negro de energía en alguna parte de un órgano o en alguna parte del entorno del cuerpo, el auditor le pide que lo vuelva blanco para permitir que fluya alejándose. Tal vez no lo haga si es negro, ya sea porque no le pertenece al preclear (en cuyo caso, este lo vería como negro) o porque simplemente es un punto de espacio con el que no está familiarizado. Al volverlo blanco, es capaz de manejarlo, pues sabe que está lleno de su propia energía.

Uno puede recorrer el "propio-determinismo" y el "otro-determinismo" como conceptos. En este caso, el preclear recorre uno de ellos mientras hace que un área sea blanca. Y luego recorre el otro para continuar su blancura. De este modo, se extrae toda la energía del área.

La manifestación más común de un risco es tener un lado del risco blanco y el otro lado negro. Esto se debe a que el preclear concibe que un lado del risco contiene la energía del preclear y que en el otro lado contiene energía que le pertenece a otro. Al recorrer el concepto de que es su propia energía y recorrer luego el concepto de que es energía de otro, se recorren ambos lados de un risco (si la persona está recorriendo riscos).

Aunque por lo general se concibe que la energía viva es blanca, también puede ser negra. Al recorrer a un preclear con un E-Metro, se descubrirá que mientras el flujo sea blanco y mientras el flujo se esté recorriendo, la aguja ascenderá gradualmente. Cuando aparece un punto de negrura en el campo, la aguja se detendrá, y no volverá a ascender o dará una sacudida y le causará un somático al preclear. Esta sacudida es característica del somático. La aguja atorada es característica del campo negro. El auditor puede sentarse y observar la aguja, y será capaz de decirle al preclear cuándo ha aparecido un área negra en el campo. Es notable que los somáticos sólo ocurran en presencia de un área negra. Esto significa que las características desconocidas de la negrura son algo que el preclear ha estado manteniendo lejos de sí para no tenerlo o que la energía de ondas negras es la energía que se usa para imponer dolor. Esto último es lo más probable, aunque se debe trabajar mucho en esto para determinar más allá de toda duda las manifestaciones de la negrura.

Un preclear que no puede ver color en sus facsímiles, no puede verlo porque es incapaz de usar energía con la cual percibir. Verá cosas a base de negrura y blancura. Tal vez sea capaz de captar el negro y el blanco, o tal vez sea capaz de captar sólo la negrura. En este último caso, encuentra que la negrura de alguna manera le resulta provechosa y deseable. Y recorrer el concepto de havingness ("tendrá" y "ha tenido" negrura) y usar ejercicios para manejar negrura (moviéndola de espacio a espacio en el entorno y moviéndola hacia el ayer y el mañana, como se explicará posteriormente en el *Procesamiento Creativo*) producirá el control de la negrura por parte del preclear.

∞

Capítulo Quince

PERCEPCIÓN

"La rehabilitación de la percepción es en esencia la rehabilitación de la fuerza".

Capítulo Quince

PERCEPCIÓN

TODO EL TEMA de la *percepción* es el tema de la *energía.*

A medida que el preclear desciende por la Escala Tonal, cada vez es menos capaz de diferenciación y por tanto cada vez es menos capaz de manejar energía y cada vez está más sujeto a la energía, hasta que al final ya no emanará ni manejará energía. Incluso en los ámbitos superiores de esta condición, su percepción empieza a disminuir.

La rehabilitación de la percepción es en esencia la rehabilitación de la fuerza. La fuerza se rehabilita mediante la rehabilitación del control de la energía. Esto se hace mediante Procesamiento de ARC, y de muchas otras maneras. La forma principal de llevarlo a cabo es estableciendo, mediante Procesamiento Creativo, la capacidad del preclear para manejar la negrura.

Se puede construir fácilmente toda una ciencia denominada "percéptica" y esta se menciona en el libro la Tesis Original (1948).

La rehabilitación de la vista en los ciegos, del oído en los sordos, de la capacidad de hablar, de eliminar la anestesia del cuerpo, de áreas del cuerpo o de los órganos genitales, depende de la rehabilitación de la capacidad del preclear para manejar energía. El Procesamiento Creativo, con atención especial al manejo de la negrura, es esencial en este proceso.

∞

∞

Capítulo Dieciséis

Fuerza

"El esfuerzo se define como fuerza dirigida".

Capítulo Dieciséis

FUERZA

EN LOS AXIOMAS, la fuerza se define como esfuerzo al azar. El esfuerzo se define como fuerza dirigida. En esencia, la fuerza es un esfuerzo medido.

Es muy común que los individuos protesten en tal medida contra lo que está haciendo el universo MEST que abandonan toda fuerza. Y si se les pide que vuelvan a adoptar la fuerza o a usarla, suponen que se les está pidiendo que toleren y adopten el castigo y la destrucción, ya que estos en el universo MEST se llevan a cabo con grandes cantidades de fuerza.

La fuerza, sin embargo, sería una escala de gradiente y de hecho se le podría llamar una manifestación de energía, pues incluso la materia contiene fuerza.

Para los fines del procesamiento y con el fin de evitar trastornar al preclear, para quien la palabra "fuerza" generalmente tiene connotaciones muy negativas, en lugar de enfatizarla, el auditor enfatiza el "manejo de la energía".

El uso de la energía abarcaría cualquier actividad que tuviera que ver con la energía o la materia.

∞

∞

Capítulo Diecisiete

RESPONSABILIDAD

"La rehabilitación del thetán en cuanto al manejo de la energía produce una elevación de la responsabilidad en sí".

Capítulo Diecisiete

RESPONSABILIDAD

EL NIVEL DE RESPONSABILIDAD del preclear depende de su *disposición* o su *renuencia* para manejar la *energía*. El preclear que protesta contra la energía en cualquier dirección está abandonando la responsabilidad en mayor o menor grado.

Al abandonar la responsabilidad en alguna esfera, uno obtiene randomity (véanse los Axiomas). Entonces se encontrará en conflicto en esa esfera.

La escala de gradiente de la responsabilidad es como sigue:

En 40.0 la responsabilidad se manifiesta como voluntad y puede ser tan penetrante que no haya randomity. Esto sería Responsabilidad Total.

En 20.0, la responsabilidad se manifestaría como acción, donde más o menos la mitad del entorno o el espacio de la persona se hubiera seleccionado como randomity y por la cual ella no asumiría responsabilidad. En 20.0, la responsabilidad sería el 50 por ciento del total de la energía existente.

En 4.0 encontramos al *Homo sapiens* en su entorno limitado expresando desacuerdo con una situación existente (mediante la emoción de Entusiasmo) y dirigiendo la energía hacia la corrección de esa situación. Aun así, la responsabilidad es baja en este nivel.

En 2.0, la culpa entra en la Escala Tonal como un factor de suma importancia. Este es el nivel de la Escala Tonal en que la culpabilidad se concibe por primera vez. Por encima de este nivel hay suficiente amplitud de comprensión para ver que las interdependencias y las randomities pueden existir sin culpabilidad y sin culpar. En 2.0, con la emoción de Antagonismo, un individuo asigna culpa por la falta de responsabilidad, en vez de tratar de imponer responsabilidad.

En 1.5, culpar es casi la única actividad del individuo y aunque no asume ninguna responsabilidad real, culpa de todo a su entorno y lo hace con violencia.

En 1.1, la persona finge asumir algo de responsabilidad con el fin de demostrar que los demás son culpables, pero no tiene ninguna responsabilidad real.

En 0.9 o cerca del nivel de Miedo, uno no piensa desde el punto de vista de la responsabilidad, pero está dispuesto a aceptar toda la culpa en un esfuerzo por escapar de todo castigo.

En 0.5 en Pesar, el individuo se culpa a sí mismo y acepta la culpa por lo que ha ocurrido.

En 0.05 en Apatía, ni siquiera se plantea la cuestión de la culpa ni de la responsabilidad. En este nivel, uno se ha convertido en MEST.

En la Tabla de Evaluación Humana, que se encuentra en el libro *La Ciencia de la Supervivencia,* uno encontrará lo que podría esperarse que le suceda a los objetos materiales, a la comunicación y a las personas que están cerca de quienes están por debajo de 2.0 en la Escala Tonal. Esto generalmente brota de la responsabilidad o, más bien, de la falta de responsabilidad.

Capítulo Diecisiete
Responsabilidad

El factor clave de la responsabilidad es la disposición para manejar la energía. La rehabilitación del thetán en cuanto al manejo de la energía produce una elevación de la responsabilidad en sí. Si una persona está baja en la Escala Tonal, y aun así muestra responsabilidad, entonces su actividad en cuanto a la energía inicialmente debe de ser enorme para que pueda existir cualquier segmento de responsabilidad en los niveles bajos de la escala.

El procesamiento de la responsabilidad es uno de los procesos más vitales. Si se procesa la responsabilidad en sí, se puede esperar tarde o temprano un Theta Clear. Se le procesaría mediante "brackets".

Existe una condición que se conoce como "glee de demencia". Es en esencia un caso especial de *ir*responsabilidad. Un thetán, al que no se puede matar pero al que sin embargo se puede castigar, tiene sólo una respuesta para quienes lo castigan. Y es demostrarles que él ya no es capaz de fuerza ni acción, y que ya no es responsable. Por lo tanto, declara que está demente, actúa de forma demente y demuestra que de ninguna manera puede dañar a otros, pues carece de toda racionalidad. Esta es la raíz y la base de la demencia. La demencia es la única escapatoria posible, aparte de la muerte.

La muerte tiene el valor de convencer a otros de que a uno ya no se le puede castigar ni puede sentir. Mientras tenga un cuerpo que puede morir, existe un límite a la cantidad de daño que se le puede hacer. Cuando no hay cuerpo y no hay límite a la cantidad de daño que se le puede causar, su única respuesta es este alegato de irresponsabilidad total que es el glee de demencia. Esto se encuentra como una verdadera manifestación de energía en las zonas cercanas a los manicomios, y puede sentirse como una emanación que proviene del demente.

Si el preclear es incapaz de concebir "ser feliz por estar demente" (lo cual por lo general no puede), haz que tenga la sensación de "esperar a que lleguen las vacaciones". En cierto sentido esto es irresponsabilidad y en realidad, cuando se hace más profundo, se convierte en el glee de demencia.

La felicidad es la superación de obstáculos no insuperables hacia la meta conocida del havingness. Alejarse de ese camino, sentir que el trabajo es demasiado pesado, son formas de renunciar a la responsabilidad. Un método común que emplean las personas bajas de tono para reducir el poder y la capacidad de un individuo, y así ponerlo bajo control, es convencerlo de que está cansado y agotado porque trabaja demasiado. Si pueden convencerlo de eso, pueden hacer que tome unas vacaciones. Un examen de un individuo al que se ha sometido a este proceso, revelará que era más feliz cuando estaba trabajando y que antes de que "necesitara vacaciones", muchas personas se empeñaron en convencerlo de que no debía trabajar tanto, con lo que transformaron en verdadero trabajo lo que había sido un juego para él. La sociedad casi exige que un hombre considere todo lo que hace como trabajo, y exige que un hombre considere que trabajar es algo desagradable. Al buscar en la sociedad a los que triunfan con facilidad, uno sólo encuentra personas que disfrutan mucho su trabajo y que nunca piensan en tener vacaciones.

Para recorrer el bráncket en responsabilidad, uno recorrería el "deseo (por parte del preclear) de ser responsable", su "deseo de no ser responsable", ocasiones en que se le ha "obligado a ser responsable", ocasiones en que se le ha "obligado a no ser responsable", ocasiones en que se le ha "impedido ser responsable", ocasiones en que se le ha "impedido no ser responsable", ocasiones en que se le ha "compadecido a causa de sus responsabilidades". Y después se recorre todo esto como un bráncket: el preclear haciéndoselo a otros, otros haciéndoselo al preclear y otros haciéndoselo a otros. Al recorrer esto como bráncket, y al recorrerlo una y otra vez, se producen resultados notables.

El "gozo de la responsabilidad" y el "gozo de la irresponsabilidad" también deberían recorrerse como brackets.

Esto resulta más eficaz cuando se recorre en relación con "responsabilidades de tener", las "irresponsabilidades de tener", las "responsabilidades" y las "irresponsabilidades" de "haber tenido" y de "tendré".

Antes de recorrer esto durante mucho tiempo en algunos individuos, se manifestará el glee de demencia y se debe recorrer por completo y muy minuciosamente. A menudo es una risa frenética e incontrolada. Esto no debería confundirse con la risa de línea-de-carga, con la cual está muy relacionada. Un preclear que comienza a reírse de asuntos serios de su pasado, está rompiendo candados y se puede hacer que se ría de esa manera durante muchas horas si se inicia la reacción en cadena. La risa que acompaña al glee de demencia no contiene nada de regocijo.

Algo peculiar a esto es lo que podríamos llamar la actitud de MEST. MEST no es responsable de nada. El preclear que tiene como meta la "irresponsabilidad total", también tiene como meta el "ser totalmente MEST".

El MEST no tiene espacio propio. No causa ninguna acción a menos que se actúe sobre él. Y no posee nada, sino que se le posee.

Los esclavos se crean al liberarlos *de* la responsabilidad.

El thetán que se encuentra en un nivel alto de la escala puede crear espacio o poseerlo; tiene amplias opciones de acción y puede crear, cambiar o destruir lo que le plazca.

∞

∞

Capítulo Dieciocho

La Tabla de Actitudes

"...el auditor debería conocer muy bien su Tabla de Actitudes y las razones en que se basa cada columna".

Capítulo Dieciocho

La Tabla de Actitudes

CON EL FIN DE REALIZAR el Procesamiento de Escala Ascendente (como se expone más adelante, *Procesamiento de Postulados*), el auditor debería conocer muy bien su Tabla de Actitudes y las razones en que se basa cada columna.

1) Sobrevive Muerto	2) Correcto Incorrecto	3) Totalmente Responsable No Responsabilidad	4) Posee Todo No Posee Nada
5) Todos Nadie	6) Siempre Nunca	7) Fuente de Movimiento Parado	8) Verdad Alucinación
9) Fe Desconfianza	10) Sé No Sé	11) Causa Efecto Total	12) Soy No Soy
Ganar Perder	Comenzar Parar	Diferencias Identificación	Ser Tuvo

Esta tabla en la línea superior de cada par anterior representa del 27.0 al 40.0. La línea inferior debajo de cada par representa 0.0.

Cada uno de estos puntos es una escala de gradiente con muchos puntos intermedios. Al recorrer Escala Ascendente, se busca la actitud del preclear que esté más cerca del extremo inferior de esta escala y se le pide que haga una "escala ascendente" para ver hasta qué nivel puede cambiar su postulado en dirección al extremo superior de la escala.

Las últimas líneas son por supuesto una repetición, sin las posiciones intermedias de las interdependencias anteriores de la experiencia.

Supervivencia

Uno de los primeros principios del universo MEST, y un principio que cuando se descubrió resolvió los problemas de la mente, es el denominador común más básico de toda existencia en el universo MEST: la meta de la vida en el universo MEST es la Supervivencia y *sólo* la Supervivencia.

La Supervivencia se equipara con el comportamiento en el *Homo sapiens* o en cualquier ser vivo. También abarca el amplio campo de la ética. El principio de la Supervivencia nunca trató de abarcar a theta en sí. Porque theta, por supuesto, tiene inmortalidad y ni siquiera se mueve necesariamente en el tiempo MEST.

La supervivencia depende, por encima de todo, de la posesión, de la acción y del beingness. La forma más común de considerarla es como el intento de un ser vivo de persistir en un estado de existencia tanto tiempo como sea posible.

Correcto–Incorrecto

Se concibe que lo correcto es supervivencia. Cualquier acción que apoye la supervivencia en el máximo número de dinámicas se considera una acción correcta. Cualquier acción que sea destructiva en el máximo número de dinámicas se considera incorrecta. En teoría, ¿qué tan en lo correcto se puede estar? ¡Ser Inmortal! ¿Qué tan equivocado se puede estar? ¡Muerto!

Después de que el preclear alcanza cierto punto en la Escala Tonal, él instintivamente tenderá a buscar y hacer acciones correctas. Pero por lo general el *Homo sapiens* está profundamente enfrascado en estar en lo incorrecto. La cortesía social, con su violación del Código de Honor (véase su texto más adelante), es bastante contraria a la supervivencia. También podría decirse, ¿qué tan equivocado se puede estar? ¡Ser Humano!

El caso que es propenso a accidentes y que no es responsable en general, está tan concentrado en estar en lo incorrecto que es incapaz de concebir lo correcto.

Toda la jurisprudencia se construye basándose en el principio de que "la cordura es la capacidad para distinguir lo correcto de lo incorrecto". Sin embargo, la jurisprudencia no proporciona una definición ni de lo correcto ni de lo incorrecto. Por lo tanto, por primera vez, gracias a este principio, se pueden establecer con cierta exactitud las reglas relacionadas con las evidencias y otros asuntos pertinentes a la ley.

La corrección absoluta, al igual que la incorrección absoluta, no se pueden obtener.

La corrección y la incorrección son, por igual, estados relativos.

Responsabilidad

(Véase texto anterior).

Propiedad

En vista de que se puede concebir que el tiempo es havingness, y en vista de que el tiempo en sí es uno de los conceptos más desconcertantes que el *Homo sapiens* ha tratado de dominar alguna vez, todo el tema de la propiedad está sujeto a graves errores, en particular por parte del *Homo sapiens*.

Lo que se trata en el texto anterior demuestra que la individualidad depende de un nivel de tono alto y de la libertad. Y que la identidad, como tal, estaría en un nivel total de reducción, una condición análoga a MEST.

Desde hace mucho tiempo se reconoce que "Es más fácil que un camello pase por el ojo de una aguja que un rico entre en el reino de los Cielos". El auditor descubrirá de repente esta verdad cuando trate de procesar a muchos hombres ricos y de éxito. Han llevado la propiedad a tal extremo, que ellos mismos están tan profundamente encerrados en energía, que se está solidificando en forma de MEST en sí. En lugar de que ellos tengan cosas, las cosas los tienen a ellos. Su libertad de movimiento está enormemente reducida, aunque han llegado a engañarse hasta llegar a creer que las posesiones aumentarán la libertad.

El auditor descubrirá que donde más trastornado está su preclear en la Escala Tonal es en el tema de la propiedad. La infancia, por ejemplo, se ve muy trastornada por el tema de la propiedad, pues al niño se le da a entender que posee ciertos objetos y después se le dan órdenes en relación con cualquier acción que realice con ellos. Un niño no puede tener posesión libre y clara de nada en las familias comunes y corrientes. Se le dan unos zapatos y se le dice que los cuide, y se le castiga si no los cuida, aunque en apariencia sea su dueño. Se le dan juguetes y se le atosiga cuando los maltrata. Él finalmente llega a convencerse de que no posee nada, y sin embargo se encuentra en un estado de ansiedad respecto a poseer algo. Por lo tanto, tratará de poseer muchas cosas y sobreestimará o subestimará por completo el valor de lo que tiene. La auditación de la propiedad en la infancia es un campo fructífero para el auditor.

El preclear que está trastornado en el tema del tiempo, aunque sea vagamente, está y ha estado muy trastornado en el tema de la propiedad, pues el havingness y sus manifestaciones son en sí el truco del universo MEST que consiste en proporcionarnos una ilusión de tiempo.

(Véase la información anterior sobre Identidad frente a Individualidad).

Puede ser confuso para el preclear que el ser todos pueda concebirse en ambos extremos de la Escala Tonal.

La diferencia es que en el extremo inferior de la escala el preclear comete el error de considerar como MEST a los "individuos" a su alrededor. Él puede ser sus identidades MEST. En el extremo superior de la escala, aunque todavía conserva su propia identidad, puede ser la identidad de cualquiera. Pero esto sucede en un nivel theta y está disociado de MEST.

El preclear que va por ahí creyendo que es otras personas, generalmente está en el extremo inferior de la Escala Tonal y ha confundido su propio cuerpo con los cuerpos que ve, pues no tiene una visión adecuada de su propio cuerpo y por lo tanto, puede confundirlo fácilmente con los cuerpos de otros.

Cuando un individuo está bajo en la Escala Tonal, hace fácilmente un *continuum* de vida por otros, pues él mismo está tan encerrado en MEST y reconoce de forma tan deficiente su propia identidad que puede concebir que es cualquiera sin saber lo que ha hecho.

El asunto de las valencias y de los *continuums* de vida es difícil de resolver en proporción directa al hecho de que el preclear conciba que es MEST.

El MEST, al carecer de capacidad para crear espacio y producir acción directriz, es por supuesto nadie. Cuando un hombre está convencido de que no es nadie, al mismo tiempo se le ha convencido de que es MEST.

Siempre-Nunca

Ya hemos visto que los objetos nos proporcionan la ilusión de tiempo. La capacidad para crear objetos se puede intercambiar con la capacidad para tener un para siempre verdadero.

Habría un para siempre ilusorio, que dependería de la duración de un objeto y de su solidez aparente. También podríamos decir que el universo MEST trata de poseernos simulando que la inmortalidad es algo difícil de lograr, y que sólo se puede alcanzar logrando tener una identidad o siendo un objeto. El extremo máximo de esto es, por supuesto, ser parte del universo MEST. Se podría decir, jocosamente, que cada planeta del universo MEST fue una vez una o más personas.

Se puede obtener una considerable reacción de un preclear haciéndole concebir un sentimiento de devoción hacia los "dioses más antiguos" que estuvieron aquí y que construyeron este universo y se lo dejaron a él. Muy a menudo, los sentimientos profundamente religiosos se basan en esta idea. Pueden ocurrir algunas reacciones sorprendentes en el preclear al recorrer este concepto.

La verdadera manera de estar seguro de tener una gran cantidad de tiempo es ser capaz de crear tiempo. Y este sería el verdadero concepto de Siempre para un thetán.

El tiempo se crea, al menos en este universo, creando energía y objetos y siendo capaz de hacer que el universo esté de acuerdo con uno, no que el universo haga que uno esté de acuerdo con él continuamente.

Fuente de Movimiento–Parado

La capacidad de causar movimiento depende, ya sea que el individuo se dé cuenta o no, de la capacidad para concebir espacio. La creación de espacio es el primer requisito para la creación de movimiento.

Cuando uno ya no puede crear espacio y no puede concebir que un espacio sea suyo, se puede considerar que está parado. El individuo al que le preocupa tremendamente el estar parado está perdiendo su capacidad para crear espacio. Cuando ya no puede crear espacio, él mismo es MEST.

Alguien dijo en una ocasión que "Un hombre pobre era aquel que no fuera rey en algún rincón". Podría añadirse a esto que "Cuando no puede crear un rincón, no sólo es pobre, sino que no existe". Se podría lograr un punto de vista muy divertido de esto observando la conducta de un perro que, animado por theta como todo ser vivo, es muy valiente en su propio patio. Y hasta un mastín procede con cierta cautela cuando se encuentra en el patio de un pequinés.

Este es un caso de propiedad de espacio y en cierto grado, es la capacidad para crear espacio el cual poseer.

Esto se procesa moviendo mock-ups a un espacio externo creado (como se describe más adelante, en el *Procesamiento Creativo*).

Lo más alto que alguien puede llegar en cuanto a la Verdad es alcanzar sus propias ilusiones.

Lo más bajo que puede descender a partir de la verdad es a una completa aceptación de la realidad del universo MEST, ya que por debajo de cierto nivel esta se enreda y produce la condición que se conoce como alucinación. La alucinación no se genera por sí misma. Debe producirse sólo cuando una persona es efecto a tal grado que está casi muerta.

Lo que comúnmente se tiene por verdad es "acuerdo sobre las leyes naturales". Esta sería la verdad del universo MEST, que sería el denominador común más básico de acuerdo sobre cualquier tema. En lo que respecta al universo MEST, es peligroso aceptar tales verdades.

En Scientology se estudian los denominadores comunes más básicos del acuerdo que produce la aceptación del universo MEST y prohíbe la creación del universo propio, esta última capacidad, por sí sola, hace posible la percepción del universo MEST, que es, en sí, una ilusión acordada.

La verdad, en Scientology, es el estudio del común denominador más básico del acuerdo, más el hecho de establecer la verdadera capacidad del thetán. La verdadera capacidad del thetán es una verdad mucho más elevada que la verdad del universo MEST en sí. Y si nunca antes se tuvo conocimiento de esto, las dificultades para comunicarla fueron tales que inhibieron su promulgación.

Se puede ver que existe una verdad por encima de lo que pasa por "verdad" en el universo MEST. Las verdades científicas, que se han obtenido a partir de la deducción y de las observaciones del comportamiento del universo MEST, son en sí manifestaciones de acuerdos entre los thetanes que son capaces de una creación y un acuerdo mucho más amplios que los que se representan en el universo MEST.

En Scientology, hemos dado respuesta a una buena parte de: "¿Qué es la verdad?".

Fe-Desconfianza

No existe una cualidad que se haya infravalorado más que la Fe.

El sujeto que, bajo el control de un hipnotizador, concibe un acuerdo enorme con el hipnotizador, está experimentando la "fe" como se entiende comúnmente. En este estado, el sujeto puede percibir cualquier cosa que el hipnotizador le pueda indicar.

Con el fin de comprender la Fe, uno debe ser capaz de distinguir entre Fe en Algo y Fe. La diferencia entre estas dos condiciones es una dirección de flujo, que como descubrimos anteriormente, es la realidad en sí.

La Fe en Algo es un flujo de entrada de acuerdo y de poner el propio beingness y doingness bajo el control de otro, y es, en otras palabras, el sacrificio del universo propio. Este es el mecanismo básico con el que, a lo largo de la línea temporal completa, se ha reclutado a los thetanes para alguna causa o misterio y han rendido a esto su propia identidad y capacidad. Aun en cantidades pequeñas, esto es muy efectivo. Este es, en esencia, el truco básico del hipnotismo. Y mediante él, se pueden coordinar y reducir las capacidades de un sujeto para cualquier propósito. La Fe en Algo sería un flujo de entrada y produciría aceptación de otra realidad que no es la propia.

La Fe en sí carecería de flujo, cuando alguien estuviera en un estado pleno de beingness. Y con esta condición, podría causar que la Fe en sí ocurriera en su propio universo o bien podría ocasionar que otras personas tuvieran fe en él.

El auditor descubrirá que una de las fases más aberrantes del preclear es su incapacidad para lograr que otros tengan fe en él. Y, su aceptación de sus exigencias, en cualquier dinámica, de que tenga fe en ellos. Como es completamente cierto que un ser está bajo de tono cuando carece de Fe, se le puede sacar partido a este hecho con gran facilidad.

La desconfianza no es el extremo más bajo de la escala, pero empieza a presentarse como condición neurótica o psicótica alrededor de 1.5. En realidad, la Fe se intercambia con la Desconfianza en niveles de gradiente que bajan por toda la Escala Tonal y se alternan entre sí a medida que la persona desciende más y más profundamente al interior del universo MEST. El nivel más bajo de esta escala no es la Desconfianza, sino la total Fe en Algo; que es la condición que presenta MEST, y que se encuentra en una condición de efecto ante cualquier escultor.

Esta columna de Fe–Desconfianza también podría llamarse la columna de Creencia–Incredulidad o la columna de Realidad–Irrealidad.

El auditor puede esperar que, conforme el preclear sube por la Escala Tonal, pase por los diversos matices de Desconfianza y los diversos matices de Fe. Con frecuencia, esto trastorna bastante al preclear, pues no puede concebir que esté subiendo de tono.

Es de particular interés que un preclear, cuando está bajo de tono al principio, pasará inevitablemente a través de diversos niveles de repulsión hacia el universo MEST y luego hacia su propio universo. La aversión que puede concebir hacia el universo MEST, hacia los objetos y hacia estar en el universo MEST, puede llegar a ser increíblemente angustiosa para él.

Cuando se da esta condición, el auditor no se debe inquietar y puede estar seguro de que el preclear se está elevando en la escala, pero se ha topado con uno de los niveles de esta columna, y a esto de inmediato le seguirá un nivel más elevado y más cómodo conforme se continúa con el procesamiento. Es simplemente un problema de invertir las direcciones de flujo. Si el auditor está recorriendo flujos, descubrirá que a un flujo de entrada le sigue, poco después, un flujo de salida, y a este flujo de salida le sigue, poco después, otro flujo de entrada. En esencia, estos son acuerdos y desacuerdos que se alternan y cada uno está un poco más elevado en la Escala Tonal que el anterior.

Sé–No Sé

Desde hace mucho tiempo la epistemología ha sido el estudio superior de la filosofía. Scientology es, en sí, la ciencia de saber cómo saber.

En esencia, el estudio del conocimiento es, en el universo MEST, un estudio de datos. En el universo MEST los datos por lo general se graban en facsímiles. Por lo tanto, se puede ir hacia el conocimiento en dos direcciones. La primera es saber lo que uno *es*. Y la segunda es saber qué le ha sucedido a uno en el universo MEST y buscar identidad en el universo MEST.

No hay sendero más trágico que el sórdido escrutinio de los facsímiles para descubrir la verdad. Pues lo único que se descubre es lo que es verdad para el universo MEST. Esta tortuosa e interminable senda está ennegrecida por los esqueletos de los beingnesses perdidos. Casi sin excepción, los exploradores anteriores se han arruinado en esta búsqueda de la verdad en el universo MEST. Pues lo único que descubrieron fue más y más acuerdo, y más y más facsímiles. Lo único que lograron como individuos fueron las trampas y los nidos de víboras de los implantes en la línea temporal completa. El hecho de estar por fin cerca de las alturas del beingness que se ha descubierto, ha hecho que se desvanezca la tristeza de estar en la búsqueda amarga y hasta ahora, quizás sin recompensa de otros hombres.

Fue necesario escrutar los facsímiles, que son en sí la única herencia de las tribulaciones en el universo MEST, para descubrir el denominador común de los facsímiles. Y para descubrir que *sólo* eran facsímiles, cómo fueron creados y cómo quedó impresa la experiencia en el individuo. Uno bien podría tener la sensación de haber escapado por un pelo de una terrible tragedia, cuando considera la fragilidad del terreno sobre el que se encontraba para observar el borde del precipicio del olvido. Pues obviamente la intención nunca fue que alguien se recuperara de su participación en el juego llamado universo MEST, o de ser espectador en él. La inscripción de Dante sobre los portones del Infierno bien podría haberse escrito con más propiedad sobre las puertas de entrada a este universo: "Oh, vosotros los que entráis, abandonad toda esperanza".

El común denominador de todas las dificultades que un individuo tiene en el universo MEST se puede resumir bajo el encabezado de "facsímiles". Originalmente, en su propio universo, utilizaba el mecanismo de la creación de energía para hacer objetos. En el universo MEST, esta capacidad se reduce al uso de la energía exclusivamente para registrar datos sobre el universo MEST de manera que uno pueda "estar de acuerdo" con esos datos. Y en este proceso se encuentra la muerte, no sólo periódicamente como cuerpo, sino como thetán.

Lo que por lo común se ha considerado erróneamente "conocimiento" ha sido la trayectoria del universo MEST al "buscar acuerdo con el universo MEST", descubriendo todos los datos posibles sobre lo que uno debería hacer para estar de acuerdo con el universo MEST. Cuantos más datos conseguía uno, más facsímiles tenía. Cuantos más facsímiles tenía, más MEST era. Era necesario salir victorioso de esta trampa para reconocer, aislar y evaluar los denominadores comunes de los facsímiles y para descubrir que la energía creada por uno mismo se ha utilizado para imponer el acuerdo en uno mismo, con el fin de esclavizar el propio beingness y conducirlo a su destrucción final.

Ninguna aventura en el universo MEST puede superar la aventura de establecer una anatomía ordenada a partir del caos de materia, energía y espacio amalgamados que abarca a los planetas, las galaxias y el universo isla de esta oscura inmensidad del espacio que estaba esperando devorar al universo propio construido por cualquier thetán o grupo de thetanes. El dar muerte a una bestia rugiente que escupía fuego, requería, en la antigüedad, menos acción y peligro.

Estas líneas no se escriben bajo ninguna pretensión de auto-alabanza, pues la fama es un escollo. Pero con estas líneas, se puede inculcar en el auditor la realidad de lo que maneja, de modo que pueda apreciar su propia gallardía al enfrentarse a un adversario de tan insensible brutalidad.

El camino al conocimiento condujo a través de la anatomía del espacio y las masas de energía que llamamos universo MEST. Los datos no se encontraban *en* el universo MEST. El auditor debería tolerar el escrutar facsímiles en busca de datos sobre la identidad de una persona, sobre su "historia pasada" en el universo MEST, sólo en la medida en que le proporcione información para el Procesamiento Creativo. Nunca debería empezar directamente el procesamiento directo de facsímiles, ya sean engramas o secundarias, excepto únicamente en el caso de una ayuda. Sólo necesita conocer lo suficiente del beingness de un preclear en la línea temporal completa, como para saber de qué hacer mock-up, para que el preclear lo recorra.

En el alto nivel de Scientology en que estamos actuando ahora, la dificultad que tiene el preclear no reside tanto en el contenido de los diversos facsímiles como en el hecho de que *tiene* facsímiles. La ruta de técnicas mejores es la ruta con la que es posible permitirle al preclear apartarse de todos sus facsímiles.

Así que el camino hacia el conocimiento tiene dos direcciones. Ahora es posible seguir la mejor ruta. La esencia del verdadero conocimiento es la esencia de existir de manera que la persona pueda crear beingness y datos que saber. Todos los demás datos están subordinados a este.

A finales del siglo XVIII, se perpetró en cierta ocasión una operación de control de cierta magnitud. Se declaró, con gran autoridad, que "todo lo que vale la pena saber siempre estaría más allá de los límites de la experiencia humana". Esto pretendía, a sabiendas o no, bloquear más aún la búsqueda del beingness. Nadie debería considerar jamás, bajo ninguna circunstancia, que nada que pueda afectarle podría estar más allá de su capacidad para comprender, o conocer la naturaleza plena de lo que está experimentando.

Si Scientology contiene alguna lección, es la lección de que las puertas a todo el conocimiento están abiertas. Uno debería tener el conocimiento de la composición del universo MEST de la misma manera en que un zorro podría encontrarle utilidad a tener conocimiento de una trampa. Es una crueldad hacer un Theta Clear sin educarlo al mismo tiempo de manera que se le permita evitar los escollos que lo llevaron a donde se encuentra: en un universo MEST, en un cuerpo MEST, en un planeta llamado Tierra (Sistema Solar, Galaxia 13, universo MEST).

El Conocimiento de más alto nivel sería la capacidad de más alto nivel para crear beingness. La identidad que otros le asignan a uno y los datos que contienen los facsímiles son un knowingness que no vale la pena tener.

Por encima del nivel de todo lo demás en la Tabla de Actitudes, se encuentra Causa. El causar es el logro más elevado que el thetán puede visualizar. Pero no es el máximo logro posible y el thetán puede visualizar niveles mucho más elevados cuando ha llegado a un punto alto en el nivel de Causatividad.

Para ser Causa total, uno tendría que ser capaz de causar espacio y muchas otras manifestaciones. Toda persona, en mayor o menor grado, trata de ser Causa hasta que, al final, es Efecto Total. El Efecto más total en este universo es ser MEST en sí.

Uno de los principios de la causatividad se esboza en el ciclo-de-acción. Pero no es necesariamente verdad que uno sólo pueda causar un ciclo que siga esta pauta, o que uno deba causar ciclos en grado alguno. Pues es un procesamiento excelente hacer mock-ups con ciclos invertidos, retrocediendo desde la muerte hasta la creación con objetos a los que uno ha hecho mock-up.

Uno de los "hechos" acerca de los objetos es que el espacio y la energía se deben haber causado antes de que el objeto pudiera existir en el universo MEST. Por lo tanto, todo objeto tiene una causa previa. Por esta razón, cuando alguien en el universo MEST empieza a estudiar, con el fin de resolver algunos de los enigmas del universo MEST, cae en la trampa de suponer que toda causa es anterior y que existe el tiempo en sí. Esto haría que uno fuera efecto posterior de todo lo que causara. En otras palabras, si hizo un postulado, entonces se volvería efecto de ese postulado inmediatamente después. La causa, motivada por el deseo, la imposición y la inhibición "futuros" del havingness, no se encuentran en el pasado, sino sólo en la condición de havingness en este universo la cual declara que cualquier objeto debe haber tenido una causa "previa".

El preclear se ha aberrado mediante el proceso de que se le convierta en efecto y se le quite la capacidad de ser causa convenciéndolo de que es mejor ser efecto.

Freud dio con una de las mayores aberraciones cuando enunció su teoría de la libido (en 1894) y en ella declaró que el sexo era la única aberración. Es sin duda una de las aberraciones principales del *Homo sapiens,* ya que en el sexo uno desea ser la causa de poco o de nada y desea ser el efecto de una sensación agradable.

Todo lo que uno desea en el universo MEST, lo desea porque tendrá un efecto agradable en uno. Por lo tanto, busca sensaciones en que la causa sea externa a él y que lo conviertan en efecto. ¿Hasta qué grado puede una persona convertirse en efecto? ¡Hasta MEST! El señuelo de una sensación placentera le lleva a aceptar una energía distinta de la propia. El deseo de esta energía u objetos lo pone entonces en la condición de ser un efecto. Cuando uno está rodeado de tantas fuentes poderosas de energía posibles como las que encuentra en el universo MEST, no puede evitar convertirse en una causa de bajo nivel.

Cuando un preclear se encuentra en un nivel de la Escala Tonal (por encima de 8.0) en que se preocupa del "mal" y del "bien" (ambos se captan de manera lo bastante amplia como para entender que son puntos de vista), se preocupa mucho si piensa que es causa mala o que podría serlo, y está deseoso de ser lo que él considera causa buena. Juzga esto mediante códigos morales y entonces modifica su conducta para hacer que la causa mala le sea desagradable a él y a los demás. De modo que se deshace de la responsabilidad por la causa mala, y en esa misma acción, se convierte en efecto de la causa mala. Cuando ha encontrado que él es lo que considera una causa mala, deja de "confiar" en sí mismo y comienza a culparse y después a culpar a los demás. Todos los ángeles tienen dos rostros. En la mitología comúnmente se les representa con un rostro negro y uno blanco. En teoría, para ser Causa absoluta, una persona tendría que estar dispuesta a ser causa mala y causa buena. Sólo así podría escapar al riesgo de convertirse en efecto de la causa mala en el universo MEST.

El criminal que se ha elegido como causa mala, al descubrir que le es imposible confiar en sí mismo, sólo puede escapar de convertirse en efecto luchando contra toda causa buena. Y la carrera de un criminal comienza siempre en el momento en que el criminal potencial pierde el respeto por sí mismo. Una carrera de prostitución no puede comenzar hasta que se pierda el respeto por uno mismo.

Y el respeto por uno mismo sólo se pierde cuando uno considera que uno es causa mala. La reforma o recuperación del criminal no depende del castigo, que sólo trata de convertirlo en MEST más de lo que ya es, ni siquiera depende tampoco de la causa buena contra la que debe luchar, sino de reestablecer el respeto por sí mismo del criminal. Pues sólo después de esto será capaz de ser causa buena.

Todo un proceso se desarrolla en torno a:

"¿Qué causarías en cada una de las dinámicas?".

Hacerle al preclear un assessment al E-Metro, debería determinar dónde siente el preclear que sería causa mala. Pues es en este punto donde se encontrará que perdió el respeto por sí mismo y donde se descubrirá por qué no puede confiar en sí mismo.

La confianza en uno mismo, el respeto por uno mismo y la capacidad de ser Causa son condiciones del mismo orden de magnitud y pueden abordarse de forma intercambiable.

Soy–No Soy

En la Tabla de Actitudes que acompaña al *Manual para Preclears,* se encontrará, en 22.0, Soy Yo Mismo.

La única identidad verdadera es "yo mismo". No es un nombre, no es una denominación. Las órdenes, los títulos, los rangos, las alabanzas y la fama duradera, todos por igual, no producen la condición de Soy, ni una verdadera *identidad.* En lugar de eso, producen una *identificación,* con todos los riesgos de la identificación. La finalidad de la identificación es 0.0 o más abajo en la Escala Tonal.

El concepto de "mente infinita" no es nuevo, pero siempre se le ha asignado a otro beingness que no es el propio. El preclear que ha jurado fidelidad a algún beingness infinito y luego ha acordado que todo ese espacio le pertenece a ese beingness (y no le pertenece a él) y que los derechos de la creación y la energía pertenecían a ese beingness (y no a sí mismo), se encontrará que está intensamente aberrado. Este es un método muy práctico y para los muy aberrados, aceptable, de negar responsabilidad por lo que sea. Es también la ruta más corta hacia No Soy. La mente infinita es individualista. Toda la Humanidad no depende de la mente infinita ni comparte una porción de ella. Por el contrario, el individualismo más elevado que puede obtenerse es el individualismo de la mente infinita. El concebir una multiplicidad de mentes infinitas estaba más allá del poder y de la comprensión del intelecto, aplicándolo al campo de la filosofía. Quienes hicieron estos comentarios se habían puesto lo bastante de acuerdo con el universo MEST como para llegar a concebir que el único espacio era el espacio del universo MEST. Y no podían comprender que esto fuera una ilusión y que la existencia del espacio no depende del espacio existente. Así como puede haber una "infinidad" de ideas, puede haber una "infinidad" de "infinidades" de espacio. En teoría, dos seres, cada uno con una mente infinita, y cada uno capaz de producir una infinidad de espacio, podrían sin embargo producir conjuntamente suficiente espacio para comunicarse entre sí. Esto puede ser difícil de concebir mientras uno no haya alcanzado un nivel en la Escala Tonal que sea suficiente para poder tener una amplia visión de sus potencialidades, momento en el que se convierte en la simplicidad misma.

Existe una psicosis cuya manifestación es la ilusión de que uno es Dios y el soberano del universo. Esta psicosis se produce por el esfuerzo de un individuo, que está muy por debajo de un "completo acuerdo con el universo MEST", por cambiarse a la valencia de aquello que él ya ha aceptado que es el Creador del universo. En vez de ser él mismo, ha llegado incluso a ser incapaz de ser un cuerpo MEST en una condición cuerda, ha concebido que Dios es MEST y luego se ha cambiado a la valencia de Dios. En este caso, se encontrará que se concibe a Dios como un objeto MEST. Como acotación al margen de esto, por debajo del nivel del "completo acuerdo de que el universo MEST es la única realidad" empieza el estado que podría describirse mediante la afirmación: "Estoy de acuerdo, sigo estando de acuerdo, y sin embargo aún así me sigues castigando".

El hecho desafortunado con respecto al universo MEST es que *es* MEST y está diseñado para castigar y no le importa que se haga un acuerdo con él, más allá del hecho de que uno esté de acuerdo con él, y no tiene un espíritu de juego limpio en el que el castigo cesa cuando uno ha reconocido al ganador. Reconocer esto produce demencia, en un esfuerzo por retirarse aún más de la responsabilidad y escaparse aún más del castigo. En el universo MEST, esta huida del castigo es, por supuesto, imposible. Por lo tanto, existe un nivel por debajo de 0.0 para cualquier ser inmortal.

Una de las primeras confusiones del preclear con que se encontrará el auditor es el hecho de que el preclear considera que está en un estado de Soy cuando tiene un cuerpo y un nombre. Esto es alto de tono comparado con el estado por Debajo de Cero en que con mucha frecuencia el thetán se encuentra a sí mismo, pero dista mucho de ser óptimo. Aquí el preclear está confundiendo la identidad con su propio sentido de beingness. Su sentido de beingness no depende de una identificación MEST, como es el nombre que se le ha asignado y el cuerpo con el que se le puede reconocer y de hecho, esta le produce confusión.

La sociedad de la Tierra necesita, en gran medida, como parte de su estructura "nombres" y "la capacidad para identificar". El Estado se siente muy satisfecho siempre que incrementa su capacidad para identificar con facilidad a su ciudadanía, y recurrirá a casi cualquier pretexto para compilar las huellas digitales y el expediente de todos y cada uno.

La identidad es un riesgo tan grande y tan completamente MEST que en realidad la individualidad no es posible en presencia de una identidad definida con precisión. Al descender hacia la Escala Tonal por Debajo de Cero, al thetán le parece oportuno no sólo ocultar su beingness, sino esconder su identidad con extremo cuidado, incluso de sí mismo. Este apasionamiento por no tener identidad es el arrebato de aferrarse a los últimos jirones de individualidad que de otra manera se perderían. Los thetanes de algunos de los grupos que actúan en el espacio, se han puesto plenamente de acuerdo entre sí en ser completamente negros, para esconderse mejor en la negrura del espacio. Muchas veces esta negrura se encuentra en los casos ocluidos.

La súplica más común del preclear es: "¿Quién soy yo?".

Siente que si sólo pudiera contestar eso sería feliz. Luego escruta sus facsímiles en busca de todas sus identidades pasadas en sus muchas espirales y como estas son cientos de millones, no termina nunca. Lo único que logra es dañarse con las muchas lesiones contenidas en los facsímiles que está explorando. Está identificando hasta el punto en que lo que busca no es el estado de Soy, sino el de: "¿Cómo me han etiquetado?". Alcanzar el estado de Soy depende de la capacidad para volver a crear espacio, energía y objetos en y para su propio universo, por sí mismo o en cooperación con otros thetanes, y la rehabilitación de las muchas capacidades adicionales del thetán, pues la creación de energía es sólo una de entre una enorme cantidad.

Por lo tanto, el estado de Soy se alcanza mediante el Procesamiento Creativo y el Procesamiento de Postulados, más que por medio del procesamiento de facsímiles del universo MEST o de una búsqueda interminable con un E-Metro para descubrir qué es lo que uno ha sido.

Existen Dioses por encima de todos los demás Dioses, y dioses. Todo lo que tenga una amplia aceptación y haya tenido éxito, dondequiera que brillen los soles y giren los planetas, se basa en cierta verdad fundamental. No hay discusión alguna aquí en contra de la existencia de un Ser Supremo ni se pretende devaluarlo en modo alguno. Se trata de que entre los Dioses, existen muchos dioses falsos a los que se elige y se les da poder y posición para el beneficio y uso de aquellos que van a tener el control y van a convertir a los seres más sublimes en los esclavos más viles. Como dijo un griego de la antigüedad: "Cuando uno ha examinado las descripciones que el Hombre ha escrito sobre Dios, encuentra en ese ser, en el mejor de los casos, una sed de autoengrandecimiento y de adulación que resultaría repugnante en cualquier hombre". El Hombre ha tratado de hacer de su Dios un "dios de barro" porque los antiguos griegos, y pueblos aún más distantes, hacían ídolos de forma humana, mediante lo cual creían que atraparían el beingness de alguna divinidad local que les estaba causando problemas. El Hombre más moderno ha caído en el error de convertir a Dios en el cuerpo de un *Homo sapiens* y colgarlo en algún lugar alto dotándolo de una sed de venganza y una mezquindad en el castigo igualada sólo por la degradación del propio *Homo sapiens.*

Hay Dioses por encima de todos los demás Dioses y Dioses más allá de los Dioses de los universos. Pero sería mejor, muchísimo mejor, ser un loco de atar en su celda, que ser algo que tuviera el ego, la crueldad y la enconada ansia de dominio que las religiones viles han puesto ante los hombres para hacer que se humillen.

Ganar-Perder

Es digno de mención que conforme el preclear asciende en la Escala Tonal, su deseo de ganar aumenta. Los que están en un nivel bajo de la Escala Tonal (incluso cuando creen que están tratando de ganar) casi de manera uniforme dispondrán sus problemas y sus soluciones de manera que perderán.

El *Homo sapiens* está poco familiarizado con la verdadera competencia. Hay un nivel sorprendente de condición de ganar por encima de 4.0, donde la competencia se convierte en un gozo, como lo es la poesía.

Empezamos a arrepentirnos de la competencia cuando la hemos empleado para dañar drásticamente a otro ser. La persona que participa en un duelo comienza con el gozo de la competencia en el manejo de la espada. Y antes de que pase mucho tiempo, debido a la contra-emoción que recibe por su práctica de ese arte, concibe una repugnancia hacia la competencia. En una vida posterior llevará esto a todo lo que haga, con tal temor a emplear la competencia para dañar que no se atreve a hacer uso de ella ni en las acciones más insignificantes. Y al dejar de hacer uso de la competencia, introduce así la condición de perder para perjuicio de sí mismo y de otros. Cuando un hombre que está al volante de un automóvil instintivamente retrocede ante la competencia y la perfección, en ocasiones causará un accidente, en vez de evitarlo, si se requiere competencia de alto nivel para evitarlo.

Para ganar, uno debe desear ganar.

Cuando ya no desea ganar, ya no desea vivir.

Nota:

Las tres columnas restantes de la Tabla de Actitudes (Comenzar–Parar, Diferencias–Identificación, Ser–Tuvo) se tratan extensamente en el texto anterior.

∞

∞

Capítulo Diecinueve

El Código de Honor

"El individuo no aberrado sigue este código más o menos instintivamente".

Capítulo Diecinueve

El Código de Honor

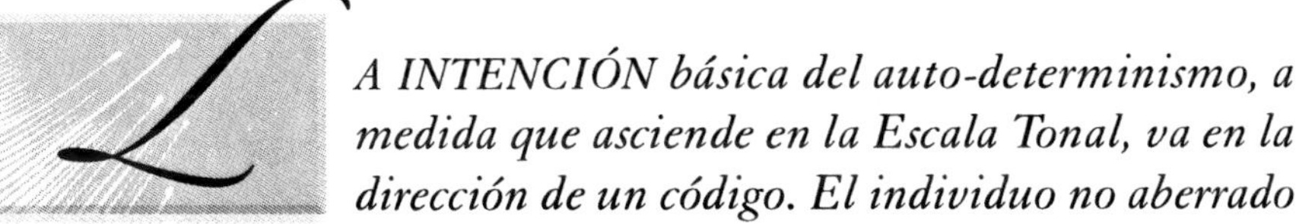

*L*A INTENCIÓN *básica del auto-determinismo, a medida que asciende en la Escala Tonal, va en la dirección de un código. El individuo no aberrado sigue este código más o menos instintivamente. Siempre que se ha violado, eso ha sido una aberración. Esto te da cierta medida de la aberración de un preclear y al mismo tiempo te da un código de ética de acuerdo al cual realmente se puede vivir.*

1. Nunca abandones a un compañero en necesidad, en peligro o en apuros.

2. Nunca retires tu lealtad una vez otorgada.

3. Nunca abandones a un grupo al que debas tu apoyo.

4. Nunca te menosprecies ni minimices tu fuerza o tu poder.

5. Nunca necesites elogio, aprobación o compasión.

 Nunca comprometas tu propia realidad.

 Nunca permitas que tu afinidad se desvirtúe.

 No des ni recibas comunicación a menos que tú mismo lo desees.

 Tu auto-determinismo y tu honor son más importantes que tu vida inmediata.

 Tu integridad hacia ti mismo es más importante que tu cuerpo.

 Nunca lamentes el ayer. La vida está en ti hoy y tú creas tu mañana.

 Nunca temas dañar a otros por una causa justa.

 No desees agradar ni ser admirado.

 Sé tu propio consejero, sigue tus propios consejos y selecciona tus propias decisiones.

 Sé fiel a tus propias metas.

Referencias: Scientology 8-80

"...en el momento en que se descubre como él mismo, como la fuente de la energía, la personalidad y el beingness de un cuerpo, mejora física y mentalmente".

∞

Capítulo Veinte

La Escala Emocional y la Escala Tonal por Debajo de Cero

"Las posiciones por debajo de cero en la Escala Tonal sólo son aplicables a un thetán".

Capítulo Veinte

LA ESCALA EMOCIONAL Y LA ESCALA TONAL POR DEBAJO DE CERO

(Publicado originalmente en Scientology 8-80)

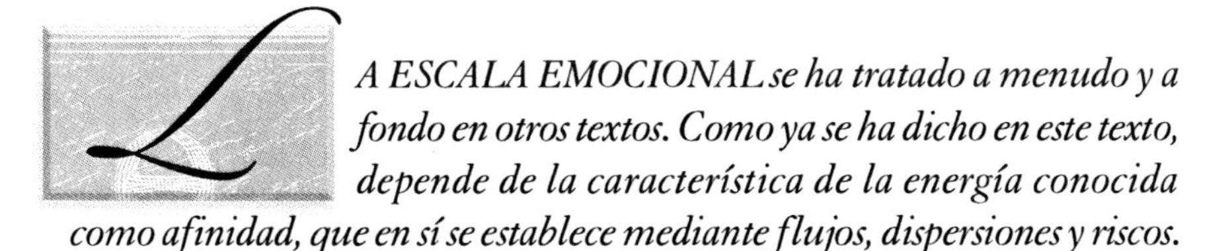

A ESCALA EMOCIONAL se ha tratado a menudo y a fondo en otros textos. Como ya se ha dicho en este texto, depende de la característica de la energía conocida como afinidad, que en sí se establece mediante flujos, dispersiones y riscos.

Las posiciones por debajo de cero en la Escala Tonal sólo son aplicables a un thetán.

Se ha observado con bastante frecuencia que para cualquier individuo hay dos posiciones en la Escala Tonal. Esto ocurre porque hay una posición para el compuesto del thetán más su cuerpo MEST, actuando en un estado de unknowingness (condición de no saber) con respecto a no ser un cuerpo MEST y comportándose de acuerdo a pautas sociales, las cuales le dan cierta apariencia de cordura. La otra posición en la Escala Tonal es la posición del propio thetán y es necesario que mostremos una escala negativa a fin de siquiera encontrar al thetán.

Para el thetán, encontrarás la siguiente escala:

Gama de la Escala del Thetán

Muy por debajo de la muerte del cuerpo en "0.0" bajando hasta la falta total de beingness como thetán

Thetán-Más-Cuerpo

El entrenamiento social y la educación, son la única garantía de una conducta cuerda

40.0	Serenidad del beingness
20.0	Acción
8.0	Júbilo
4.0	Entusiasmo
3.0	Conservadurismo
2.5	Aburrimiento
2.0	Antagonismo
1.8	Dolor
1.5	Enojo
1.2	No-compasión
1.0	Miedo
0.9	Compasión
0.8	Propiciación
0.5	Pesar
0.375	Hacer enmiendas
0.05	Apatía
0.0	Ser un cuerpo
–0.2	Ser otros cuerpos
–1.0	Castigar a otros cuerpos
–1.3	Responsabilidad como culpa
–1.5	Controlar cuerpos
–2.2	Proteger cuerpos
–3.0	Poseer cuerpos
–3.5	Aprobación proveniente de cuerpos
–4.0	Necesitar cuerpos
–8.0	Esconderse

Esta Escala Tonal por Debajo de Cero muestra que el thetán está varias bandas por debajo de knowingness como cuerpo, y así se le encontrará en la mayoría de los casos. En nuestro *Homo sapiens,* se descubrirá que está por debajo de cero en la Escala Tonal. La Escala Tonal positiva que va de 0.0 a 4.0 se formuló en relación con los cuerpos y se refería a ellos y a la actividad de los thetanes con cuerpos. Por tanto, para descubrir el estado de ánimo del thetán, hay que examinar la Escala por Debajo de Cero. Como cuerpo, tiene algunas pautas adquiridas por entrenamiento que le permiten *saber* y *ser.* Él, como sí mismo, ha perdido todo beingness, todo orgullo, todos los recuerdos y toda la capacidad auto-determinada, y sin embargo posee en sí mismo un mecanismo de respuesta automática que continúa suministrándole su energía.

¡Cada uno de los puntos anteriores de la escala se recorre como positivo y negativo!

Ejemplo: la bella tristeza de necesitar cuerpos, la bella tristeza de *no* necesitar cuerpos. La belleza de ser responsable de cuerpos, la belleza de *no* ser responsable de cuerpos. Cada uno se recorre como tal y luego como su opuesto, añadiendo *no*.

La Escala que va por Debajo de Cero hasta 40.0 es la gama del thetán. Un thetán está por debajo de la muerte del cuerpo, ya que sobrevive a ella. Se encuentra en un estado de knowingness abajo de 0.375 sólo cuando se identifica con un cuerpo y *es,* según su propia opinión, el cuerpo. La Escala de Cuerpo-Más-Thetán va de 0.0 a 4.0 y la posición en esta escala se establece por el entorno social y la educación de lo que integra al ser y es una escala de estímulo-respuesta. El preclear inicialmente está por encima de este 0.375 en la gama de Cuerpo-Más-Thetán. Luego, en auditación, habitualmente cae desde el tono falso de la Escala de Cuerpo-Más-Thetán, hasta el tono verdadero del thetán.

De hecho, este es el único tono auto-determinado presente, el verdadero tono del thetán. Desde este tono por Debajo de Cero, sube rápidamente por la escala pasando por toda la gama como thetán y generalmente se asienta en 20.0, al mando del cuerpo y de las situaciones. Por tanto, el curso de la auditación baja al preclear, de manera bastante automática, desde el *tono falso* de la Escala Cuerpo-Más-Thetán al *tono verdadero* del thetán. Luego el tono del thetán vuelve a subir por la escala nivel a nivel.

No es raro encontrar al preclear (que *es* el thetán) completamente loco de atar, bajo el falso "barniz" del entrenamiento social y educacional de estímulo-respuesta y descubrir que el preclear, aunque se comporta de modo absolutamente normal en el estado de Cuerpo-Más-Thetán, se vuelve irracional en el curso de la auditación. *Pero a pesar de esto,* el preclear es en realidad mucho más cuerdo y racional que nunca antes y en el momento en que se descubre como él mismo, como *la* fuente de la energía, la personalidad y el beingness de un cuerpo, mejora física y mentalmente. De modo que el auditor no debe desalentarse ante el curso del tono, sino que debe simplemente perseverar hasta que tenga al thetán arriba en la gama racional. Un thetán loco de atar es más cuerdo, con mucho, que un ser humano normal. Pero cuando audites, observa esto por ti mismo.

∞

∞

Capítulo Veintiuno

Las Dicotomías

"Aparentemente un ser es una fuente de producción de energía".

Capítulo Veintiuno

Las Dicotomías

(Publicado originalmente en Scientology 8-80)

UNQUE EL AUDITOR puede hacer mucho con sólo reducir facsímiles, pronto descubrirá que sus preclears no son siempre capaces de borrar facsímiles fácilmente. En ocasiones encontrará que a menudo la pasa mal cuando un facsímil particularmente pesado está en reestimulación y haga lo que haga, el auditor puede encontrar que el tono de su preclear permanece sin cambio y que las actitudes del preclear no han progresado hacia una altura mejor.

Llegamos ahora a "El Gobernador", que se menciona en una conferencia del otoño de 1951. La velocidad de un preclear es la velocidad de su producción de energía.

El paso más importante al establecer el auto-determinismo del preclear, que es la meta principal del auditor, es la rehabilitación de la capacidad del preclear para producir energía.

Aparentemente un ser es una fuente de producción de energía. ¿Cómo produce energía vital sin medios mecánicos, actividad celular ni alimentos?

El principio básico de la producción de energía por un ser se ha copiado en la electrónica. Es muy sencillo. Una diferencia de potencial entre dos áreas puede establecer un flujo de energía entre ellas. Las pilas de carbono, los generadores eléctricos y otros productores de flujos eléctricos actúan de acuerdo al principio de que una diferencia de potencial de energía entre dos o más áreas puede originar que un impulso eléctrico fluya entre ellas.

El preclear es estático y cinético, lo que significa que es no movimiento y movimiento. La interacción de estos produce un flujo eléctrico.

Siendo un estático, un preclear puede mantener cercanos dos o más flujos de energía de diferentes longitudes de onda, y obtener un flujo entre ellos.

Un preclear puede mantener una diferencia de flujo entre dos ondas y un estático durante tanto tiempo (y tan arduamente) que se puede conseguir el efecto de un condensador que se está descargando. Esto puede "hacer explotar" un facsímil.

El preclear hace fluir corrientes eléctricas de mando hacia el cuerpo. Estas tocan riscos preestablecidos (áreas de ondas densas) y causan que el cuerpo perciba o actúe. El preclear toma las percepciones del cuerpo mediante rayos tractores. Mantiene el cuerpo inmóvil o se asegura a él enrollando a su alrededor un rayo "tractor" (que jala), mientras coloca en su espalda un rayo "presor" (que empuja) para darse la orden de entrar en acción. (Casi puedes romperle la columna vertebral a un preclear pidiéndole que se ponga en contacto con su propio rayo tractor, que tiene alrededor del cuerpo, y sin embargo retenga el presor contra su columna vertebral).

Lo único que realmente necesita saber un auditor acerca de esto es el método elemental para usar una diferencia de potencial. Eso crea energía.

Lo único que está mal en un preclear que tiene un cuerpo MEST que ha envejecido es que tiene demasiados facsímiles de sus tractores y presores manejando su propio cuerpo MEST. Y la condición tambaleante del cuerpo retroalimenta "lentitud", de modo que él piensa que su energía es baja y hasta que no se emplea en ellos algún método como este, los facsímiles no se reducen.

Cualquier diferencia de potencial que se emplee dirigiendo una parte contra otra, crea energía. Las ondas estéticas contra un estático producen energía. Las ondas estéticas contra las ondas analíticas producen energía. Las ondas analíticas contra las ondas emocionales producen energía. Las ondas emocionales contra las ondas de esfuerzo producen energía. El esfuerzo contra la materia produce energía.

Este último es el método que se usa en la Tierra para generar corriente eléctrica con el fin de producir fuerza motriz. Los otros son igualmente válidos y producen flujos incluso mayores. Esta es una escala de gradiente de beingness, desde el cero–infinito de theta hasta la solidez de la materia.

Las diferencias de potencial más útiles son fáciles de recorrer.

Esto es, de hecho, recorrer corriente alterna (AC). Se puede recorrer corriente directa DC o se puede recorrer la fisión en cadena, pero en el momento de escribir esto, ambas están en una fase muy experimental.

La AC es creada por el estático que sostiene primero una, luego la otra, de una dicotomía de dos diferencias de potencial. Un flujo se recorre en una dirección con un elemento de un par, después en la otra dirección con el otro elemento.

Las dicotomías son:

1. Sobrevivir
   Sucumbir
2. Afinidad
   No afinidad
3. Comunicación
   No comunicación
4. Estar de acuerdo
   No estar de acuerdo
5. Comenzar
   Parar
6. Ser
   No ser
7. Saber
   No saber
8. Causa
   Efecto
9. Cambio
   No cambio
10. Ganar
    Perder
11. Soy
    No soy
12. Fe
    Desconfianza
13. Imaginar
    Verdad
14. Creer
    No creer
15. Siempre
    Nunca
16. Futuro
    Pasado
17. Todos
    Nadie
18. Posee todo
    No posee nada
19. Responsable
    No responsable
20. Correcto
    Incorrecto
21. Permanecer
    Escapar
22. Belleza
    Fealdad
23. Razón
    Emoción
24. Emoción
    Esfuerzo
25. Esfuerzo
    Apatía
26. Aceptación
    Rechazo
27. Cuerdo
    Demente
28. No-compasión
    Compasión
29. Compasión
    Propiciación

Y el estado de Estático, una inmovilidad que a veces es necesario recorrer.

¿Cómo se usan?

Se le pide al preclear que haga fluir acuerdo, luego desacuerdo. Él hace fluir una sensación, un pensamiento (¡nunca la frase!) de "acuerdo", ya sea de salida o de entrada, en la dirección que él elija en relación consigo mismo. El preclear deja que esto fluya hasta que se vuelva de color gris humo o blanco, luego negro. Entonces él cambia la dirección del flujo y tiene el pensamiento o la sensación de "desacuerdo". Lo recorre hasta que se vuelve gris o blanco, luego negro. Cuando este se haya vuelto negro u oscuro, recorre de nuevo "acuerdo" en su dirección hasta que consiga gris o blanco, luego nuevamente negro. Ahora el preclear invierte el flujo y hace fluir el pensamiento de "desacuerdo" hasta que tenga gris o blanco, y luego negrura. Y así una y otra vez.

Se observará que al principio tal vez se requiera bastante tiempo para que un flujo recorra de negro a blanco pasando a negro. A medida que el preclear sigue recorriendo, después de unos minutos o muchas horas, empieza a recorrer más rápido, luego más y más rápido, hasta que al final puede mantener un flujo centelleante y crepitante.

Un método para aberrar seres era poner cerca de ellos fuentes de energía blanca y negra. Estas se presentan en un caso ocluido muy bajo de tono como blanco centelleante y blanco brillante. Eso es un incidente electrónico, no su propio flujo de energía. Estas fuentes de energía se recorren con un blanco centelleante *en una dirección* durante unos minutos u horas antes de que se vuelvan negras. Luego se recorren en sentido opuesto, blanco centelleante, casi durante el mismo tiempo.

Cuando predomina el negro en tales incidentes, no disminuyen ni se reducen. En un caso así, pídele al preclear que haga lo que "tenga que hacer" para que el incidente se vuelva completamente blanco.

Conforme el preclear recorre, descubre que la velocidad del cambio de flujo cambia cada vez con más y más rapidez hasta que se recorre como una vibración. En teoría, esta vibración puede aumentar hasta ser una fuerte corriente que se vuelve tan grande que es bueno conectar a tu preclear a *tierra* usando un E-Metro o dejándole sujetar en cada mano un cable conectado a una tubería de agua o a un radiador sin aislante. De lo contrario, el flujo puede dañar su cuerpo MEST.

Recorre una dicotomía sólo contra su pareja. Recórrela en direcciones alternas hasta que el flujo se vuelva negro.

No recorras un "flujo" negro. No fluye ni se recorre por completo.

∞

Parte Dos

Métodos de Recorrido

"Si alguien fuera a abandonar el universo MEST, sólo crearía su propio espacio...".

∞

Capítulo Veintidós

Métodos de Recorrido

"Existen muchos métodos para recorrer facsímiles y manejar riscos y flujos".

Capítulo Veintidós

MÉTODOS DE RECORRIDO

XISTEN MUCHOS métodos para recorrer facsímiles y manejar riscos y flujos. Estos se han tratado en otras publicaciones. Todos ellos son válidos y pueden hacer que los casos avancen.

En la presente publicación, sólo hay dos procesos en los que se pone énfasis, y estos procesos son superiores a otros publicados antes del 1° de diciembre de 1952. Un gran número de pruebas ha establecido el hecho de que dos procesos, ambos sencillos, producen resultados mucho mejores que todos los demás.

El título *Scientology 8-8008* significa:

El logro del infinito (8) por la reducción de un infinito aparente (8) del universo MEST a cero (0) y el incremento del cero aparente (0) del universo propio hasta un infinito (8) del universo propio.

Esta ruta se logra mediante Procesamiento de Postulados y Procesamiento Creativo.

Para recorrer cualquier incidente o usar cualquier proceso, es necesario que el auditor tenga una idea muy firme de lo que está haciendo. Y con este fin, se recomienda que conozca los siguientes procesos y sea capaz de aplicarlos.

PROCESAMIENTO:

El Código de Ética (Honor)

El Thetán

Las Entidades

Recorrer Engramas

Recorrer Secundarias

Recorrer Candados

Conceptos y Sentimientos

Recorrer Riscos (Circuitos)

Recorrer Flujo Vivo

Liberar al Thetán por medio de Conceptos y Sentimientos

Liberar al Thetán por medio del Presente y el Futuro

Randomity

Liberar por medio de Dicotomías

Liberar por medio de la Escala Tonal

Liberar al Thetán por medio de la Orientación

Liberar al Thetán por medio de Localización y Agotamiento de Flujos

∞

∞

Capítulo Veintitrés

PROCESAMIENTO CREATIVO

"La capacidad para percibir el universo MEST es la capacidad para estar de acuerdo".

Capítulo Veintitrés

Procesamiento Creativo

LA TOTALIDAD DE los datos que se tratan en este volumen se utilizan en el Procesamiento Creativo.

Cuando uno haya alcanzado el dominio de las partes que componen la mente y de las interrelaciones de espacio, energía, elementos y experiencia, encontrará que el Procesamiento Creativo es sorprendentemente fácil de aplicar y produce resultados muy rápidos. La meta de este proceso es la rehabilitación de las facultades del thetán, tantas como sea posible, para permitirle utilizar cuerpos o estar libre de ellos, según lo elija, e incluso, en menor magnitud, liberar al preclear de psicosomáticos, erradicar compulsiones, obsesiones e inhibiciones para mejorar su tiempo de reacción y su nivel de inteligencia.

Este proceso hace todo lo que ha intentado hacerse previamente mediante procesos anteriores, utilizando el conocimiento de estos procesos para valorar el estado del preclear, y para ajustarse a su dificultad con la creación, el cambio y la destrucción de mock-ups.

Escalas de Gradiente

Las escalas de gradiente son vitalmente necesarias en la aplicación del Procesamiento Creativo. El término "escala de gradiente" se puede aplicar a lo que sea y significa "una escala de condición graduada desde cero hasta infinito". Se considera que los absolutos son inobtenibles.

Según la dirección en que esté graduada la escala, podría haber un infinito de lo incorrecto y un infinito de lo correcto. Por lo tanto, la escala de gradiente de lo correcto avanzaría desde el cero teórico (pero inobtenible) de lo correcto, hasta el infinito teórico de lo correcto. Una escala de gradiente de lo incorrecto iría del cero de lo incorrecto hasta un infinito de lo incorrecto.

La palabra "gradiente" se usa para definir "grados de disminución o aumento de una condición". La diferencia entre un punto y otro en una escala de gradiente podría ser tan diferente o tan amplia como el ámbito completo de la escala en sí. O podría ser tan diminuta que necesitara el discernimiento más minucioso para establecerla.

La escala de gradiente de la creación de un ser se relacionaría con el tiempo (pero en el Procesamiento Creativo generalmente no se relaciona con él).

En el Procesamiento Creativo, la escala de gradiente, al referirse a la creación de una persona, podría ser, primero, la visualización de un área donde la persona pudiera haber estado o pudiera estar, luego, la visualización de un área que la persona frecuentara comúnmente, la creación de una pisada que la persona hubiera hecho, y luego quizás alguna prenda de vestir o alguna posesión, como un pañuelo. Después, los pasos creativos continuarían, hasta establecer más y más de la persona, y al final se habría creado la totalidad de la persona.

De igual forma, en la destrucción de una persona, la escala de gradiente podría comenzar (pero generalmente no lo haría) haciéndola explotar o haciéndola envejecer. Si el auditor encuentra que el preclear se muestra tímido con respecto a destruir una ilusión de alguna persona, primero puede disminuirse un poco el entorno; luego, quizás, podría acortarse la sombra de la persona y así sucesivamente, hasta que se pudiera destruir a toda la persona.

La esencia de trabajar con una escala de gradiente es hacer tanta creación, cambio y destrucción, en relación con las ilusiones, como el preclear pueda lograr con confianza. Y avanzar de un paso con éxito a un paso superior hasta que se logre un éxito completo en la destrucción, la alteración o la creación (o los estados de experiencia que las acompañan, como comenzar, cambiar y parar).

La mente funciona con facilidad si se le conduce a una confianza plena a través de éxitos sucesivos. Se puede confundir a la mente y hacer que su retroceso sea enorme al exigirle que haga demasiado y demasiado rápido. Se puede lograr mucho pidiéndole a la mente que haga porciones pequeñas de la tarea. Esto no significa que el procesamiento debería ir con lentitud ni que se deba emplear mucho tiempo en las ilusiones que son fáciles de crear, cambiar o destruir. Significa que tan pronto como un auditor ha determinado una incapacidad del preclear para crear ilusiones de ciertos lugares, personas, condiciones, objetos, colores, o cualquier otra cosa en este universo o en cualquier otro, aborda el tema de forma gradual, mediante una escala de gradiente. Y al lograr éxitos repetidos con el preclear, que sean de magnitud cada vez mayor, lograr finalmente una "disipación" completa de la incapacidad.

Acuerdos

La razón de que un preclear no pueda alterar un postulado, o cambiar, comenzar o parar, se encuentra en la influencia que ejercen sobre él sus acuerdos y experiencias en el universo MEST y en otros universos. Recorrer por completo estos acuerdos y experiencias, como tales, sería en parte volver a estar de acuerdo con ellos.

De hecho, la mente tiene gran libertad para alterar postulados y cambiar su propia condición, si se le permite hacerlo a una velocidad que considere cómoda. La mente no aceptará grandes divergencias que le parezca que tienden hacia su propia disminución o destrucción.

Fue mediante una escala de gradiente de acuerdo como llegó finalmente a aceptar el universo MEST y casi sucumbir a él. El desarrollo progresivo de la ilusión fue tan lento y tan insidioso, que sólo el assessment más riguroso le revelaría al preclear y al auditor hasta dónde le llevaron finalmente esos minúsculos pasos de acuerdo. Podría decirse que el lema del universo MEST es: "No tendrás fuerza ni ilusión, ni tu propio espacio ni energía u objetos creados por ti, pues toda ilusión es mía y debes estar de acuerdo con esto. Si tú eres, yo no seré".

Mediante una serie de acuerdos diminutos, el preclear ha renunciado finalmente a la totalidad de su propia fe en su capacidad para hacer un universo, o incluso para crear y mantener una ilusión menor. No sabe, y ni siquiera sospecha, que es capaz de producir ilusiones lo bastante fuertes para que otros puedan observarlas (y si creyera que esto era verdad, lo atribuiría a algo misterioso) y al ser tan bruscos y decisivos los castigos del universo MEST, él tendería a alejarse de esto. Pero de su capacidad para crear ilusiones depende la existencia misma de todas sus esperanzas y sueños, y de cualquier belleza que alguna vez llegará a ver o sentir. A decir verdad, toda sensación que piensa que proviene de estas masas de energía ilusoria, conocida como el universo MEST, se implantan primero mediante acuerdos sobre lo que él va a percibir y después las percibe de nuevo con el paso oculto de que él ha extendido su propia sensación para luego sentirla y percibirla por sí mismo. Está totalmente convencido de que el universo MEST en sí posee sensación que le puede entregar a él, mientras que en realidad, lo único que tiene el universo MEST es un acuerdo impuesto el cual, aunque no tiene sustancia, sin embargo mediante una escala de gradiente, llegó a ser una ilusión que al preclear le parece que tiene una autoridad muy imponente.

Para demostrar la realidad y la solidez del universo MEST, el preclear podría golpear un escritorio con el puño y demostrar que su puño golpeó algo. Está cometiendo de nuevo el error de implantar sensación y no saber que la ha implantado. Pues el puño con el que golpea el escritorio es un puño del universo MEST que consta de energía del universo MEST, lo cual es en sí un acuerdo del universo MEST. Y se encuentra con un escritorio, que es en sí un acuerdo del universo MEST. Y sólo está demostrando que cuando se percibe que el universo MEST se impacta sobre el universo MEST, uno puede entonces implantar un impacto realista y volver a percibirlo para su propia edificación maravillosa.

Por lo tanto, la "realidad" es una delusión, porque uno ha desconocido su propia ilusión y luego la ha recibido como si fuera algo distinto. Sólo al desechar toda responsabilidad por la energía propia, puede uno caer en esta trampa encubierta. Si estamos renuentes a ser responsables de la energía, somos capaces de usar energía y luego no percibir que la estamos usando. Se puede descubrir que aquel que culpa a otros continuamente hace la mayor parte de las cosas por las que él está culpando a otras personas. De esa manera, un individuo con los "mejores oídos modelo Mark 10,000 del universo MEST" no asume responsabilidad por haber implantado la sensación del sonido para recibir la sensación de sonido. A medida que un preclear asciende en la Escala Tonal, más a menudo se sorprende a sí mismo haciendo esto. Y aunque no conozca los principios relacionados (ya que ningún preclear necesita tener formación en Scientology para recibir sus beneficios), reconoce que, aun en el caso de un choque muy ruidoso, el hecho de que continúe su asociación a partir de su entorno le permite percibir con otros que se ha producido un choque de objetos, que él, junto con otros, continuamente crea de nuevo con solidez, y que en realidad él debe de causar el sonido del choque para su propia percepción.

Como el beingness de un individuo en realidad se extiende por kilómetros en todas direcciones a su alrededor, si no es que mucho más, cualquier idea, pensamiento o pensamiento del pasado (puesto que no hay pasado) es parte de su beingness, y por lo tanto debe esforzarse continuamente por ser "fiel a sus acuerdos con el universo MEST".

Para deshacer esta situación, lo único que se necesita es rehabilitar la consciencia del preclear de que él mismo es capaz de crear ilusiones. A medida que rehabilita esta aptitud, el preclear, sin ningún adiestramiento ni evaluación por parte del auditor, empieza a reconocer que su punto de vista se expande y que él está volviéndose omnipresente (pero que puede concentrar su consciencia en cualquier punto) y que él mismo produce continuamente, a partir de los acuerdos y de la asociación con otros puntos de vista, la "realidad brutal" que lo rodea. Mientras esté fijo en una condición en que esté de acuerdo con todos los espacios y puntos de vista, él ve y siente de forma automática con todos esos otros puntos de vista. Él está alrededor del nivel de la energía, si es que se puede usar el término, "en la misma longitud de onda" con todo el demás beingness, una condición que no permite la diferenciación. A medida que rehabilita sus capacidades para la creación independiente, puede cambiar esta "longitud de onda" a voluntad y puede entrar o salir de acuerdos con todos los demás puntos de beingness. Por lo tanto, el asunto de percibir se convierte enteramente en un asunto de elección propia.

Para un preclear, por ejemplo, es muy alarmante descubrir que tan pronto como queda libre de los riscos del cuerpo (es decir, cuando ha descubierto que puede cambiar su punto de vista), ya está parcialmente en desacuerdo con otros puntos de vista y el universo MEST se revuelve un poco. Puede sentir mucha ansiedad al respecto, pues está en conflicto con los acuerdos a los que está sujeto. De inmediato puede luchar con mucha fuerza para recuperar una situación mediante la cual pueda ver el universo MEST como lo ven todos los demás. De hecho, el auditor debe estar en guardia constante para evitar que el preclear intente volver a adoptar estos acuerdos.

Siempre se puede identificar a un auditor mal entrenado por el hecho de que comparte la ansiedad del preclear por ver el entorno tal y como "debería ser". La razón por la que a un auditor que no es Clear no le va bien con estos procesos, es que está muy ansioso de que el preclear continúe de acuerdo con todos los demás y perciba el entorno tan exactamente, cuando está exteriorizado, como lo hacía cuando estaba mirando a través de ojos y percepciones MEST (es decir, cuando el preclear estaba en su punto de vista exacto y acordado). La capacidad para percibir el universo MEST es la capacidad para estar de acuerdo. La exactitud del preclear en su percepción del universo MEST no tiene importancia.

Un auditor puede actuar para permitir o incluso animar a un preclear a que trate de "ver", "sentir" y "escuchar" el universo MEST mientras está exteriorizado, mucho antes de que el preclear esté preparado para hacerlo con ecuanimidad. Cuando el auditor hace esto, está dramatizando su propio impulso de estar de acuerdo con puntos de vista y percibir. Un preclear que se exterioriza con facilidad, puede darse cuenta con gran conmoción de que no está percibiendo el universo MEST como supone comúnmente que debería percibirse y vuelve con rapidez a su cuerpo para asegurarse de estar "cumpliendo con su pacto de acuerdo". Si el auditor exige que el preclear perciba el entorno estando exteriorizado, entonces el auditor descubrirá que el preclear baja de tono. Y que cuando ha entrado en su cuerpo una vez más, se necesita una gran cantidad de auditación paciente para que el preclear recupere la confianza en sí mismo. Al exteriorizarse, el preclear puede encontrarse en todo tipo de ataduras de espacio y tiempo. Pues no tiene suficiente dominio del espacio y la energía para seleccionar puntos de vista de manera independiente cuando no cuenta con la ayuda de la orientación del cuerpo MEST en sí; lo cual está, desde luego, en un acuerdo envilecido y degradado de una naturaleza muy fija.

Lo que se Debe Evitar

Existen dos cosas "que se deben evitar". Estas son *invalidación* y *evaluación*.

El auditor debe evitarlas enérgicamente.

La mayor invalidación que podría practicarse, al usar Scientology 8-8008, sería exigir que el preclear viera el entorno como se ve a través de la percepción MEST, o criticarlo por no ser capaz de hacerlo. La mayoría de las percepciones del preclear pueden ser correctas, pero cierto porcentaje de su percepción va a estar lo bastante "fuera de longitud de onda" con otros puntos de vista en acuerdo como para causar que perciba de forma extraña.

Después de una gran cantidad de auditación, incluso hasta cincuenta horas (cuando el preclear ha recuperado su capacidad de crear, con considerable solidez, sus propias ilusiones) se descubrirá que el preclear puede percibir el universo MEST a voluntad y puede hacerlo con exactitud. Puede además (sin la ayuda de un cuerpo) mover objetos, sanar a distancia y hacer un millar de otros "trucos interesantes" los cuales se podrían ver con bastante admiración. Porque no se han visto en la Tierra en la historia documentada aunque han existido en la leyenda.

Procedimiento

Al emplear el Procedimiento Operativo Estándar, Publicación 3 (SOP 3), como se presenta en este volumen, el auditor hace además un assessment muy concienzudo de su preclear con un E-Metro (Ver *Assessment del Preclear: Creación y Destrucción*).

Descubre, de acuerdo con la información que contiene este libro, lo que el preclear no es capaz de:

Comenzar	*Cambiar*	*Parar*
Crear	*Alterar*	*Destruir*
Ser	*Hacer*	*Tener*
Diferenciar	*Asociar*	*Identificar*

en todas y cada una de las ocho dinámicas y las partes que las componen. El auditor hace una lista completa. Esta es la "Lista de No Puedo".

Exteriorizado, si es posible, o interiorizado como en los pasos que se enumeran posteriormente (véase SOP 3), se hace entonces que el preclear haga mock-ups de ilusiones acerca de cada uno de estos No Puedo y que cambie el tamaño, carácter y posición de las ilusiones (o de cualquiera de sus partes) en el espacio, que las desplace en el tiempo (simplemente sabiendo que las ha desplazado) hasta que al final, el preclear sea capaz de manejar todo el objeto del No Puedo con total facilidad. Los No Puedo pueden ser la incapacidad para destruir mujeres, serpientes o personas específicas, o para crear maquinaria, o para escribir de forma legible. Al preclear se le pide que logre, mediante ilusiones, el más pequeño gradiente del No Puedo que pueda comenzar con éxito. Y bajo la dirección del auditor, al mover esta pequeña porción del todo de un lado a otro en el espacio, inclinándola en diversas direcciones y en particular, haciendo que desobedezca las "leyes naturales" del universo MEST, se conduce al preclear a una capacidad para crear o destruir los No Puedo.

El No Puedo es también el "Tengo Que". El No Puedo es una inhibición. El Tengo Que es una imposición. ¿Qué *tiene que* hacer el preclear y qué se le tiene que hacer a él? ¿Mediante qué? Mediante Procesamiento Creativo y escalas de gradiente, logra hacer mock-ups hasta que cada uno de estos Tengo Que se convierte en un "Puedo si quiero, pero no estoy obligado".

Están también los "Deseos". Son las ansias de sensación, posesión o identificación que llevaron al preclear a participar en los acuerdos y le hicieron continuar con ellos. Detrás de cada caso, los Deseos son primordiales y son de mayor importancia que los No Puedo. ¿Por qué desea cuerpos? ¿Por qué está aberrada su Segunda Dinámica? ¿Por qué siente que no puede ser libre? ¿Puede distinguir entre su propia y verdadera condición de desear y la condición de desear de MEST en sí, que trata de tenerlo a *él*? Los Deseos se resuelven mediante Procesamiento Creativo, en que el preclear hace mock-ups de los actos necesarios que desea o de los comportamientos necesarios que lo llevaron al acuerdo, hasta que al final pueda reírse de ellos.

Como el Procesamiento Creativo no requiere mucho tiempo, la lista de valoración puede ser muy amplia y abarcar todas las fases posibles mediante el sistema de las dinámicas y los ciclos-de-acción.

Esta es una lista de las cosas que el preclear debe ser capaz de hacer con una ilusión:

Crear la condición, energía u objeto

Conservarlo

Protegerlo

Controlarlo

Esconderlo

Cambiarlo

Envejecerlo

Hacerlo retroceder en un ciclo-de-acción

Percibirlo con todas las percepciones

Desplazarlo a voluntad en el tiempo

Reorganizarlo

Duplicarlo

Ponerlo boca abajo o de lado a voluntad

Hacer que desobedezca las leyes de MEST

Serlo

No serlo

Destruirlo

Para lograr estas cosas, si no puede satisfacer por completo alguna de estas condiciones, mediante una escala de gradiente debe satisfacerse una diminuta porción de la condición. Cuando se ha satisfecho una pequeña condición, esa condición se aumenta entonces hasta que se puede satisfacer la condición completa.

Al preclear que no puede conseguir ni siquiera la sombra de una ilusión, de manera que pueda percibirla de alguna forma, se le debe persuadir para que vea manchas blancas, manchas negras (de su propia creación) y que las cambie en el espacio y el tiempo, que las haga más grandes y las contraiga, hasta que tenga cierto poder de mando y control sobre el negro y el blanco. Con un preclear de este tipo, esto debe hacerse sin importar el número de horas que sea necesario hacerlo o la paciencia que implique el ejercicio. Puede hacerse con los ojos abiertos o cerrados, como prefiera el preclear.

Cuando se descubre que el preclear está tratando de evitar un movimiento o una condición, el auditor deberá ampliar esa misma condición con nuevos mock-ups que se relacionen con ella, es decir, si los objetos siguen acercándose rápidamente al preclear, se debe hacer mock-ups de objetos que se acercan con rapidez hasta que la acción se amplifique enormemente pero estando bajo el completo control del preclear. Si el preclear no puede comenzar algo, haz que lo pare. Si no puede invertir una dirección, haz que cambie la naturaleza del objeto (que está intentando invertir) suficientes veces para permitirle invertir la incapacidad original. Si el preclear no puede crear algo, haz que cree cualquier cosa que esté incluso vagamente relacionada con eso y mediante asociación, conseguir que al final haga un mock-up del objeto real.

La esencia del Procesamiento Creativo es mover objetos en el espacio cuando se les ha hecho mock-up.

Se les mueve acercándolos y alejándolos, a la derecha, a la izquierda, detrás del preclear, por debajo de sus pies, por encima de su cabeza y delante de él. Él debe saber que ha cambiado la posición del objeto. Si no puede hacer un gran cambio de posición, haz que realice un pequeño cambio de posición. Si no puede hacer un pequeño cambio de posición, haz que altere el objeto cambiándolo a diferentes colores, o haciéndolo más grande o contrayéndolo, alejándolo o acercándolo a él, hasta que pueda hacer que se mueva de lado. Si no puede hacer esto, haz que efectúe un cambio con algún objeto similar.

La esencia del Procesamiento Creativo es un éxito continuado.

Ten cuidado de no darle al preclear cosas que le hagan fracasar. No permitas que acumule fracasos. Haz una valoración del preclear y presta atención a lo que está haciendo. Obtén de él, continuamente, la condición de sus ilusiones (si tú mismo, como auditor, no puedes verlas). Poner objetos en el ayer o en el mañana, muy en el futuro o en el pasado, es vitalmente necesario para el procesamiento.

El control de la ilusión es la esencia de las órdenes.

El preclear debe ser capaz de:

Crear, Crecer, Conservar, Deteriorar y Destruir

Comenzar, Cambiar y Parar

Ser, Hacer y Tener

Diferenciar, Asociar e Identificar

Manejar en el Espacio, con Energía y en el Tiempo

cualquier objeto, real o mítico, en las ocho dinámicas y dar gran prioridad a todo lo que desobedezca las "leyes naturales" del universo MEST.

El auditor que tenga un nivel elevado de imaginación, y que sea Clear, encuentra que es muy fácil "idear" mock-ups y pedírselos al preclear. Pero no es necesario tener una imaginación así, puesto que un assessment regular descubrirá de inmediato que las cosas más comunes caen en los brackets de No Puedo, Tengo Que y Deseo en la vida del preclear.

Se descubrirá que en la Primera Dinámica, el preclear muy a menudo no es capaz de crear, cambiar o destruir (en especial destruir) su propio cuerpo o cuerpos en los que cree que está encerrado su propio cuerpo (antiguos cuerpos de la línea temporal, como un cuerpo de la Quinta Fuerza Invasora). Descubrirá que en muchos sentidos, tan sólo en la Primera Dinámica, es incapaz en relación con los facsímiles, las líneas de comunicación y otros asuntos. En la Segunda Dinámica, saltarán a la vista muchas incapacidades.

Y así sucesivamente, a lo largo de todas las dinámicas. En la Quinta Dinámica, por lo general se encontrará que es incapaz de manejar serpientes, arañas, peces sanguinarios, bacterias, animales salvajes y animales domésticos. En la Séptima Dinámica, se descubrirá que es incapaz de manejar a otros thetanes, incluso al nivel más elemental de acercar dos puntos de luz y luego separarlos (un ejercicio que, en muchos preclears, hace volar los riscos de la cabeza de forma muy explosiva). En la Octava Dinámica, es muy común que sus limitaciones resulten demasiado obvias para siquiera mencionarlas. Pero en todas y cada una de las dinámicas debe ser capaz de hacer cualquiera de los ciclos o condiciones anteriores.

Theta Clear Hecho Clear

El Procesamiento Operativo Estándar dice cómo exteriorizar a un thetán. El Procesamiento Creativo, el Procesamiento de Escala Ascendente y el Procesamiento de Postulados son entonces necesarios para llevarlo a un estado de Theta Clear Hecho Clear.

El estado de *Theta Clear* simplemente exige que el preclear permanezca fuera de su cuerpo cuando el cuerpo se lastima. Y el estado es suficiente para evitar que un cuerpo lo vuelva a atrapar, excepto en circunstancias inusuales. No existe garantía de una continuidad prolongada de esa condición.

Sin embargo, el estado de *Theta Clear Hecho Clear* es diferente. Porque significa una persona que es capaz de crear su propio universo o que viviendo en el universo MEST, puede crear a voluntad ilusiones que otras personas pueden percibir, manejar los objetos del universo MEST sin medios mecánicos, y no tener ni sentir necesidad alguna de cuerpos o incluso del universo MEST para mantenerse a sí mismo y a sus amigos interesados en la existencia.

∞

∞

Capítulo Veinticuatro

PROCESAMIENTO DE POSTULADOS

"En realidad,
el thetán
produce la energía
simplemente
postulando que
esa energía
va a existir".

Capítulo Veinticuatro

PROCESAMIENTO DE POSTULADOS

EN REALIDAD, EL THETÁN produce la energía simplemente postulando que esa energía va a existir. Lo que él dice que así será, se vuelve así para él. Si llega a ser sumamente poderoso, llega a ser así para otros. La mayoría de los thetanes han empleado mal esta condición y en el pasado con frecuencia han tenido miedo de hacer postulados que se hicieran realidad. Creen que si dicen que algo va a suceder entonces sucederá, hasta tal punto que ahora sienten aversión a decir que algo va a suceder.

Otra condición aberrante con respecto a los postulados, es que con el propósito de tener randomity, en una u otra ocasión el thetán hizo el postulado de que cada vez que hace un postulado ocurrirá un postulado contrario, del cual él no sabrá nada, de tal modo que puede "jugar al ajedrez consigo mismo" sin echar a perder el juego si sabe lo que está haciendo su mano izquierda mientras su mano derecha hace una jugada.

No es cierto que sea necesario localizar los postulados en todos los facsímiles y desgastarlos por repetición. Es igual de fácil hacer nuevos postulados. Pero primero uno debe recuperar el poder desde las profundidades a las que lo han llevado sus postulados. Los postulados más peligrosos son aquellos en que la persona decidió "estar de acuerdo" con algo que se volvería aberrante.

Al examinar en el preclear cualquier facsímil que se relaciona con un accidente puedes ver que las cosas más aberrantes en ese facsímil son aquellas que el preclear mismo decidió.

Los postulados van acompañados de evaluaciones y conclusiones. A menudo es posible "aflojar" un postulado poniendo al descubierto para el preclear, por qué lo hizo o qué datos estaba usando en ese momento.

Conforme un preclear llega a estar muy aberrado y cree que él mismo es cada vez más y más MEST, sus postulados se vuelven tan difíciles de manejar como los objetos reales y encuentra que son igual de difíciles de cambiar.

Al hacer Procesamiento Creativo, y mover objetos y energía en espacio y tiempo creados, algunos preclears se sobresaltan cuando se dan cuenta de que están manejando el tiempo desplazando espacio. El preclear logra esto haciendo postulados. Uno maneja el tiempo con sólo decir que tenía un objeto y que ahora no lo tiene, o que tendrá o verá un objeto en el futuro. Uno no desplaza el tiempo desplazando el espacio, ni continúa mirando algo que ha puesto en el pasado. Dice que está en el pasado, y así cobra existencia en el pasado.

Cuando el thetán es incapaz de manejar postulados relacionados con el tiempo, el auditor debería preguntarle sobre algunos incidentes del universo MEST, como el desayuno. Y luego preguntarle, ¿Cómo recordó que había desayunado? Y si tendrá algo que comer al día siguiente. Y luego, ¿Cómo sabe que tendrá algo que comer al día siguiente? No mira a su desayuno para averiguar si desayunó. *Sabe* que desayunó. Y no se va hacia el mañana para averiguar si es probable que coma al día siguiente. Sabe, o al menos lo cree posible que al día siguiente va a comer. Mover el tiempo (como en cualquier otro postulado) es knowingness, no es condición de observar. Un objeto se va al pasado en el mismo espacio en que estaba, en el presente, y es posible que en el futuro esté en el mismo espacio en que estaba en el pasado. El espacio no cambia. La condición de havingness cambia y esto se juzga mediante cierto grado de knowingness.

Todo el tema de los postulados es el tema de la certeza y de creer en uno mismo. El preclear que tiene poca fe en sí mismo encuentra difícil, primero, hacer un postulado en el que él crea y segundo, deshacer uno que él haya hecho. El Procesamiento Creativo y el Procesamiento de Postulados remedian esto por igual.

Procesamiento de Escala Ascendente

El Procesamiento de Escala Ascendente es otra forma de hacer el Procesamiento de Postulados. Uno toma cualquier punto o columna de la Tabla de Actitudes (como se da en este texto) que el preclear pueda alcanzar y le pide al preclear que desplace su postulado hacia un nivel más elevado.

Para hacer esto, el auditor dice:

"Ahora bien, en el tema de lo correcto y lo incorrecto, ¿qué tan equivocado crees que estás generalmente?".

El preclear se lo dice. El auditor dice:

"¿Hasta dónde puedes elevar esta actitud en dirección a creer que estás en lo correcto?".

El preclear eleva la actitud hasta lo más alto que puede. El auditor toma este como el siguiente nivel a partir del cual trabajará hacia arriba hasta alcanzar, tanto como sea posible, un postulado que se "mantenga" de tal modo que el preclear crea estar en lo correcto.

El Procesamiento de Escala Ascendente no debería confundirse con el procesamiento de flujos. Todas estas columnas se pueden procesar con relación a los flujos. El Procesamiento de Escala Ascendente es simplemente un método para elevar los postulados hacia lo óptimo, a partir del punto en que el preclear cree estar en la tabla.

El Procesamiento de Escala Ascendente es, en esencia, un proceso dirigido a aumentar la fe en uno mismo, mediante el uso de todos los "botones" de la Tabla de Actitudes.

Por lo general, se observa que el preclear está bastante inseguro acerca de sus postulados. No sabe si lo que dice surtirá efecto o no, o si lo dice y si surte efecto, no sabe si esto repercutirá contra él. Llega a tener miedo de hacer postulados por temor a hacer algún postulado destructivo para sí mismo o para otros y quizá incluso se descubra a sí mismo haciendo postulados para convencerse de que debería estar enfermo.

Uno tiene que decirse qué *ser* antes de *serlo*. La recuperación de esta capacidad es la esencia de procesar a un thetán.

El Procesamiento de Postulados es un proceso muy vital para aplicarlo al thetán. Cuando está exteriorizado, puede cambiar sus postulados con rapidez. Si ve que está pensando con lentitud y haciendo otras cosas que no son óptimas cuando está fuera, se puede mejorar su situación y su condición, pidiéndole que cambie postulados.

∞

Capítulo Veinticinco

LA ANATOMÍA DEL ESPACIO

"El preclear tiene un punto de vista y es el centro de ese punto de vista".

Capítulo Veinticinco

LA ANATOMÍA DEL ESPACIO

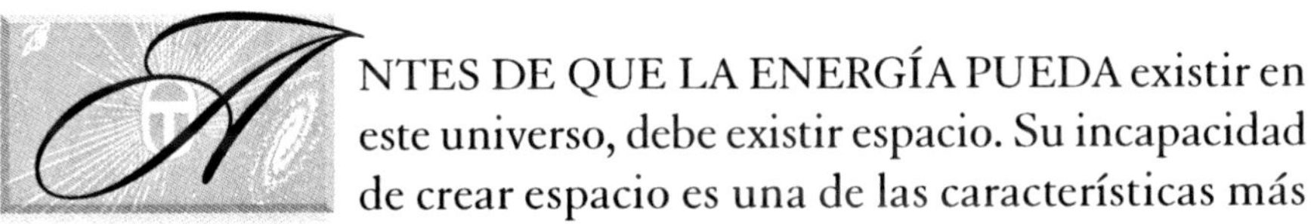

ANTES DE QUE LA ENERGÍA PUEDA existir en este universo, debe existir espacio. Su incapacidad de crear espacio es una de las características más aberrantes del thetán al que encontramos en un cuerpo MEST. Ha llegado a estar reducido a un punto, incluso en su propio concepto, y quizás a algo menos que un punto, ya que no tiene espacio propio, sino que debe depender de cuerpos y otras condiciones para creer que tiene espacio.

Es de suma importancia que el auditor comprenda el espacio. Puede considerarse que el espacio es un "punto de vista de dimensión". No importa cuántas dimensiones haya o qué condiciones se establezcan para esas dimensiones en el espacio. En el universo MEST, a través de todas sus galaxias, sólo hay longitud, anchura y profundidad. Las distorsiones espaciales y otras cosas igualmente interesantes pueden existir en el universo propio. Pero es evidente que no existen como tales en el universo MEST.

La asignación de dimensión es la esencia del espacio. Pero incluso antes de que pueda asignarse la dimensión, hay que tener un punto de vista. Si alguien asigna dimensión desde su propio punto de vista, él es causa. Si la dimensión se asigna a su punto de vista, es efecto. Es causa o efecto en la medida en que pueda asignar dimensión y llamarlo espacio.

El preclear tiene un punto de vista y es el centro de ese punto de vista. Al dividir su atención, a menudo se encuentra que está ocupando varios puntos de vista. Es capaz de adoptar muchos. El lugar donde el preclear es "consciente de ser consciente" es, sin embargo, su punto de vista central. Y aunque este pueda estar comunicado o entrelazado con algún otro punto de vista que el preclear pudiera llamar suyo (aquí en la Tierra o incluso en algún otro planeta), sigue siendo, como él mismo, el centro de asignación de dimensiones en *donde* está y *tal como* es.

En muchos preclears esto se vuelve tan borroso que no saben si están dentro o fuera del cuerpo. Aquí, incluso el centro del punto de vista ha sido superado por la asignación de dimensión por parte de MEST.

Una parte esencial del acuerdo con cualquier ilusión es la aceptación de las dimensiones que asigna o que uno le pueda asignar. El espacio no es más complicado que esto. Pero cuando se ha anulado a un preclear en un grado enorme mediante una asignación de dimensión impuesta por la fuerza, puede encontrarse que su propio punto de vista se encuentra desperdigado y disperso. Esta condición es lo que impide que el preclear determine si está dentro o fuera de su cuerpo. Cuando existe esta condición, el preclear se encuentra en el estado de ser incapaz de confrontar el universo MEST incluso hasta el punto de no poder afirmar que posee un punto de vista.

La solución a este problema es simple en teoría, aunque puede requerir muchas horas de auditación. Cuando el preclear tiene certeza en cuanto al centro del punto de vista, se exterioriza de inmediato y puede llegar a Theta Clear en muy pocas horas. Cuando ha sido comprimido por los contra-esfuerzos y las emociones hacia la aceptación de la dimensión MEST, hasta el punto en que ya ni siquiera puede estar seguro de un punto de vista, es necesario recuperar este centro de punto de vista, para poder recuperar un punto desde el cual pueda asignarse espacio (lo que es aún más importante para el auditor) en el que el preclear pueda exteriorizarse con facilidad y a sabiendas.

Uno de los primeros "trucos" en la auditación es hacer que el preclear mire su entorno y la sala desde el centro de su cabeza. Con mucha frecuencia lo ve con claridad y tal como es y al hacerlo, de hecho ajusta su visión para ver a través de sus riscos. Incluso un caso ocluido puede hacer esto a veces y entonces puede exteriorizarse con rapidez. El siguiente "truco" es encontrar algún segmento del entorno que el preclear pueda ver. Y luego preguntarle qué hay en las áreas en que no puede ver nada, o no desea ver. En estas áreas tal vez dirá esto o aquello. El auditor entonces le hace crear esas cosas, o cambiarlas y desplazar aquellas (que él teme que puedan estar en esas áreas) hasta que ya no esté interesado en esto, en cuyo momento puede visualizar lo que en realidad lo rodea. Al continuar con este "truco" para rehabilitar la ocupación potencial de espacio (ya que un preclear no ocupará un espacio que considere peligroso), puede encontrarse que el preclear se exteriorice de repente, y a veces con violencia. En ese caso, cree que está ocupando otro espacio (escondiéndose, quizás, en la oscuridad de un profundo espacio MEST) al igual que en un cuerpo. Esto se remedia con Orientación Regular y con Procesamiento Creativo.

Al hacer que el preclear altere el cuerpo que está ocupando, haciendo mock-ups que superpone y cambia de un lado a otro en desacuerdo con el universo MEST, boca abajo y boca arriba, se vuelve más capaz de tener un punto de vista desde el que puede crear espacio y desde el cual puede al menos manejar el espacio del universo MEST.

El preclear que no se exterioriza con facilidad no está seguro de estar aquí en absoluto. Y en realidad, puede estar ocupando otras áreas. Un estudio del preclear con el E-Metro, localizándolo en otros espacios y trayéndolo al espacio en que se le está auditando, puede hacerse mejor con Procesamiento Creativo; no recorriéndole facsímiles, pues estos sólo hacen que se disperse aún más. Este preclear a menudo tiene dificultades con el tiempo y confunde el espacio con el tiempo. El tiempo no se maneja moviendo espacio. El tiempo se maneja simplemente *teniendo* y *no-teniendo*. El universo MEST insiste en que cualquier cosa que desaparece debe de haber ido a alguna parte. Así al preclear se le agobia con la creencia de que debe crear espacio en el cual poner objetos cada vez que el tiempo cambia. Hacer que el preclear conciba el cambio del tiempo en el espacio que ocupa, rehusándose a dejarlo seguir *mirándolo* en el ayer o verlo en el mañana, sino simplemente haciéndole *saber* que ahora está en ayer y que el espacio es el mismo, ayuda mucho a rehabilitar su orientación.

Los ejercicios en que se asigna espacio son altamente benéficos para cualquier preclear, y en especial para aquellos que no se exteriorizan con facilidad o que no se pueden encontrar a sí mismos con facilidad cuando están fuera de su cuerpo. Sólo haz que el preclear se ponga en "desacuerdo" con las dimensiones que lo rodean, y que las vea con una distorsión creativa, intencional, y finalmente enfocará su punto de vista de tal manera que podrá manejar el espacio y *saber* que él es el centro.

Un ser puede estar en muchos sitios a sabiendas, pero estar disperso en muchos lugares sin saberlo es la peor de las condiciones.

∞

Capítulo Veintiséis

PROCESAMIENTO GENERAL

"En la actualidad, podría considerarse que la Tierra es un terminal de salida".

Capítulo Veintiséis

PROCESAMIENTO GENERAL

TODO AQUELLO QUE REHABILITE el auto-determinismo de un preclear, ya sea la educación, el cambio de entorno, recorrer facsímiles, el Theta Clearing o la creación del universo propio, es procesamiento válido. Cualquiera de ellos elevará la Escala Tonal del preclear notablemente.

Después de 80,000 horas de investigación del beingness en el universo MEST, he llegado a la conclusión de que los procesos que hacen posible que el preclear esté en desacuerdo con el universo MEST, también hacen que le sea posible manejar el universo MEST, crear uno propio, o ser parte de un grupo que crea un universo, según sea el caso.

Scientology 8-8008 es excepcional por su capacidad de mejorar el beingness y los potenciales de acción del individuo. Esta es, tristemente, la única técnica que yo he visto producir resultados excelentes y rápidos en manos de auditores entrenados. Esto se debe, en parte, a que los auditores que se entrenan en Scientology en este momento, deben ser Theta Clear. Pero esta no es toda la razón. El *Homo sapiens* ha usado y continuará usando toda técnica que se le ponga en las manos para controlar y esclavizar a otros. Pues el *Homo sapiens* está atemorizado. Aunque un auditor fuera competente con técnicas anteriores, sucedía con frecuencia que su preclear volvía a su entorno anterior y recaía.

Esto ocurría porque otros tenían un interés creado en que el preclear continuara en un estado de aberración y no perdían un solo momento para empezar a aplastar de nuevo a este preclear de modo que bajara en la Escala Tonal hasta un punto en que ellos concebían que podían controlarlo con más facilidad. MEST es lo más fácil de controlar en el universo MEST y se creía que cuanto más cerca se pudiera empujar a un ser humano hacia MEST, más fácil sería controlarlo. El *Homo sapiens,* que tenía pasión por la esclavitud, pasó por alto el hecho de que el valor y el sentido ético del ser humano se deterioraban en relación directa al grado en que se le hacía decaer en la Escala Tonal.

El beneficio principal de Scientology 8-8008 es que funciona con tal rapidez, aun cuando se use con indiferencia, que las personas que están en el entorno del preclear se ven superadas rápidamente por el preclear y se encuentran sujetas a su control cuando actúan para prolongar la aberración del preclear. Además, el auditor raras veces se da cuenta de la altura que su preclear alcanza hasta que este la ha alcanzado.

El procesamiento siempre ha funcionado en manos de un auditor competente y era mejor que el Hombre conociera cualquier técnica, sin importar lo peligrosa que fuera, si esa técnica pudiera beneficiar al menos a unos cuantos. Ya que el *Homo sapiens* no tenía ninguna psicoterapia. En Dianética tuvo su primera psicoterapia completamente válida. Y Dianética funcionó y sigue funcionando uniformemente, en manos de los que son diestros en su aplicación. En Scientology en general y en el Theta Clearing en particular se han trascendido los límites superiores del *Homo sapiens,* como tal. Y no sería buena semántica llamar *"Homo sapiens"* a un Theta Clear o incluso, estrictamente hablando, llamarlo "persona". Pues es un thetán, con un cuerpo que usa con fines de acción y comunicación, y su punto de vista se ha alterado bastante.

Su salud general está más o menos bajo su control directo. Pero no hay una meta para el cuerpo como meta final en Scientology, pues el cuerpo es un instrumento. La entidad genética que construyó el cuerpo humano, en *realidad* quería que se le sirviera. Las complejidades y riscos que desarrolló hablan de una avidez de energía y de recibir servicio que sólo podía ser la aberración más indigna y degradante. Y, a decir verdad, la entidad genética está aberrada aún más allá de lo imaginable, como lo descubre cualquier thetán cuando trata de llevar a Clear a la entidad genética. El cuerpo está bastante vivo y tiene motivaciones propias sin el thetán, como pronto lo descubre el thetán. Pero está tan habituado a obedecer órdenes de líneas sucesivas de thetanes (que algún día, ellos mismos, probablemente se volverían parte de este complicado sistema de riscos) que sus "actividades mentales" son bastante estúpidas. El thetán, que ha vivido en esta asociación y que ha llegado a creer que él es el cuerpo, pronto se siente bastante horrorizado ante el carácter de la entidad genética, que es cobarde, que funciona a base de estímulo-respuesta, sin más voluntad o metas que hacer crecer un cuerpo, y que está totalmente obsesionada con la idea de hacer que el cuerpo crezca.

El thetán puede reparar el cuerpo con mucha facilidad, si así lo decide, pero con mucha frecuencia ve esto como una actividad sin sentido. Pues la personalidad de alguien no depende ni por asomo del cuerpo, sino que sólo se degrada al asociarse con él. Cuando uno ha aprendido a controlar un cuerpo a distancia, normalmente está satisfecho con dejar que el cuerpo salga adelante lo mejor que pueda. Pues la reducción de todos los contra-esfuerzos de la entidad genética sería una reducción de todo el cuerpo. La entidad genética tiene su línea temporal completa y ha tenido sus propias tribulaciones.

En otras partes del espacio, lo cual no es demasiado increíble, los thetanes usan "muñecos", objetos que pueden ser animados con facilidad mediante energía theta y que son desechables y no tienen la incómoda circunstancia de estar más vivos que cualquier otro tipo de MEST.

El universo MEST, en sí, tiene una avidez considerable. Está compuesto de energía que se emanó con el fin de “tener”. Y la energía aún contiene como su característica básica “tener” y “no-tener” y cuando se hace contacto con ella, se encuentra que en sí posee una avidez; lo que no hace que MEST esté vivo, sino que habla de aquello que hizo el MEST. Esta avidez es una parte esencial de toda materia. Ciertos metales contienen el deseo de que “se les posea” mucho más que otros. Y algunos otros metales contienen la avidez de “no ser poseídos”. Esta es una forma de examinar reacciones positivas y negativas. El que el cuerpo esté compuesto de ese tipo de energía, hace que sienta como si estuviera aferrado al thetán. En realidad, nada se está aferrando al thetán puesto que él no tiene sustancia a la cual poder aferrarse. Ni siquiera la entidad genética se aferra al thetán, pero es probable que lo considere cierto tipo de dios dominante muy lejano, si es que llega a pensar en él en grado alguno.

El espacio tiene su propia cualidad de exigencia e insiste en que cualquier objeto del universo acepte sus dimensiones. Porque se erigió y aún está erigido en una posición de mando en el universo MEST.

El procesamiento debe resolver este havingness en lo que respecta a la materia y la condición de mando en lo que respecta al espacio. Para la mayoría de los preclears, confrontar estos dos aspectos directamente, es una imposibilidad. Pues esto sólo los sumerge más en una apatía del acuerdo con MEST. El preclear ha competido durante mucho tiempo con el universo MEST y ha tratado continuamente de crear su propio universo, sólo para encontrar que el universo MEST se declara cada vez más fuerte y comprime la ilusión hasta la nada.

El grito de guerra del universo MEST es: “Debo haberlo obtenido en alguna parte” y “Debe de haberse ido a alguna parte”. No tolerará la más mínima posibilidad de que uno *creara* por sí mismo, o de que pudiera *destruir* cualquier cosa por sí mismo.

Toda la Escala por Debajo de Cero es una manifestación de los esfuerzos propios por combatir este carácter exigente del universo MEST. Esconder, Proteger y Poseer son mecanismos para responder a las preguntas: "¿Dónde lo conseguiste?"; "¿Qué hiciste con eso?". En vista de esto, el universo MEST, en este sentido, es en esencia un universo policial. Pues funciona basándose en la fuerza y en la intolerancia y exige mediante el dolor que se acepten sus leyes. Puesto que sus leyes se basan exclusivamente en el acuerdo, sólo es necesario descubrir cómo podemos estar en desacuerdo con ellas para abolirlas (o lo que se ha llamado "ley natural para uno mismo"). De la abolición de este acuerdo dependen la salud, el progreso y el avance del thetán. Este universo es una gran trampa en expansión de dimensiones finitas y de una simplicidad bastante idiota. Si alguien fuera a abandonar el universo MEST, sólo crearía su propio espacio y mantendría suficiente conocimiento de lo que podría suceder con respecto al universo MEST para derrotar su intromisión y a quienes lo promueven.

Ningún universo, sin importar la astucia con la que esté construido, está totalmente a salvo de esta trampa en expansión. El universo MEST es un juego que ha durado demasiado y del que ya están cansados hasta los jugadores. En la actualidad, podría considerarse que la Tierra es un terminal de salida.

Es digno de mención que uno no tiene que aceptar o conocer ninguna de estas condiciones para hacer que estos procesos funcionen. Actúan con mucha rapidez y uniformidad en cualquier *Homo sapiens* y en otros seres. Una cantidad considerable de los principios que se han descubierto en Scientology existen por encima del universo MEST. El universo MEST, en sí, se podría considerar como el "promedio inevitable" de ilusión, una vez que se pone en marcha en cierta dirección. En la ley natural, según se aplica al universo MEST, tenemos la esencia del "acuerdo sobre la ilusión". Rastrear los principios de Scientology según se aplican específicamente al universo MEST, es rastrear los acuerdos que originaron el universo MEST. En su mayoría, los Axiomas de 1951 son el rastreo de este acuerdo.

La inevitabilidad y la "exactitud diabólica" de estas predicciones del comportamiento humano dependen de que todos los hombres las mantengan en común, y las mantienen. Y también se extienden a otros seres que están por debajo del nivel de "jugador" en este universo, y se han aplicado a muchos equipos de jugadores.

Aunque muchos de los datos que se han recuperado en esta investigación le parecen bastante disparatados al limitado alcance del *Homo sapiens,* lo disparatado depende de la falta de investigación en el pasado y sólo puede compararse con la estupidez que permaneció ignorante de ellos. Pues estos temas fueron una causa oculta e insidiosa que estaba detrás de la aflicción de la Tierra, que es en el mejor de los casos, un peón en un juego menor de una galaxia menor.

∞

∞

Parte Tres

Procedimiento Operativo Estándar 3: Theta Clearing

"La disposición y la renuencia para ubicar cosas en el tiempo y el espacio son los estados relativos clave de la cordura".

∞

Capítulo Veintisiete

Procedimiento Operativo Estándar, Publicación 3

"El knowingness depende de la certeza".

Capítulo Veintisiete

Procedimiento Operativo Estándar, Publicación 3

El procedimiento operativo estándar para el *Theta Clearing* es la columna vertebral del procesamiento en Scientology. Se aplica con facilidad, pero el auditor debería tener un dominio excelente de todos los tipos de procesamiento con el fin de usarlo con mayor éxito.

Un auditor que es Theta Clear es quien aplica un SOP con más facilidad y con más éxito. Los auditores que no son Theta Clear rara vez lo comprenden. Y un auditor bajo de tono que no es Clear, y que no puede salir del cuerpo, muchas veces actúa para fijar a un preclear en el interior de su cuerpo. Es digno de mención que muchos auditores han sido incapaces de tener éxito con el Theta Clearing antes de haber llegado a Clear ellos mismos. Pero justo después de que el auditor llegaba a Clear, tenía éxito con cada uno de los casos consecutivos sin excepción. El temor que tienen algunos thetanes (por diversas causas) a abandonar el cuerpo, causa que el auditor (que es un thetán) haga que otros thetanes permanezcan en los cuerpos. Y en realidad es bastante peligroso ser auditado por auditores que no sean Theta Clear. El proceso no es peligroso... los auditores que no son Clear, lo son.

THETÁN:

Este término designa al beingness del individuo, la unidad con consciencia de consciencia, esa cantidad e identidad que *es* el preclear. Uno no habla de "mi thetán" como tampoco hablaría de "mi yo". Las personas que se refieren al thetán de tal forma que hacen del thetán un tercer elemento en relación al cuerpo y la persona, no sólo están equivocadas, sino que con esto indican que están en un grave estado de aberración.

AUDITOR:

La persona que "audita", que computa y escucha, un profesional de Dianética y Scientology. Un auditor que ha llegado al estado de Theta Clear es quien hace mejor el SOP Theta Clearing. Un "V" ("cinco", véase más adelante, bajo *Procedimiento Operativo Estándar*) normalmente actúa de tal manera que obliga al preclear a quedarse en el cuerpo aun cuando finge liberar al preclear de su cuerpo.

UBICACIÓN:

El thetán es una unidad de energía que está ubicada en el centro del cráneo. Se concibe que es pequeña, pero es tan grande como el preclear crea que es. Un thetán que no puede dejar el cuerpo actual muy a menudo cree que se está aferrando *sólo* al cuerpo actual y sin embargo, de hecho, se está aferrando a un facsímil de un cuerpo anterior. El thetán también cree que es del tamaño de algún cuerpo anterior. Un thetán de la Quinta Fuerza Invasora cree que es una criatura muy extraña, parecida a un insecto, con manos inconcebiblemente horribles. Cree que está ocupando un cuerpo así, pero de hecho, sólo es una unidad capaz de producir espacio, tiempo, energía y materia.

AUTO-DETERMINISMO:

El auto-determinismo es un estado relativo de capacidad para determinar la ubicación en el tiempo y el espacio, y para crear y destruir espacio, tiempo, energía y materia. Si uno puede localizar sus facsímiles y riscos en el tiempo y el espacio, si puede colocar personas y objetos en el pasado, el presente y el futuro en el tiempo y en el espacio, se puede considerar que tiene un alto auto-determinismo. Si sus facsímiles lo ubican en el tiempo y el espacio, si la gente puede ubicarlo con facilidad en el tiempo y el espacio, en el pasado, el presente o el futuro, su auto-determinismo está bajo. La disposición y la renuencia para ubicar cosas en el tiempo y el espacio son los estados relativos clave de la cordura.

Ilusión:

Cualquier idea, espacio, energía, objeto o concepto de tiempo que uno mismo crea.

Realidad:

El acuerdo acerca de la ilusión que se convirtió en el universo MEST.

Delusión:

Cosas que no son de nuestra propia creación o de la creación del universo MEST que sitúan a la persona en el tiempo y el espacio.

Certeza:

Uno tiene certeza de forma positiva o negativa, y puede tener la misma certeza en ambos sentidos. Puede tener la certeza de que algo *no* es real o puede tener la misma certeza de que *es* real. Esto tiene tres aspectos: uno tiene certeza de que algo es su *propia ilusión* (este es el nivel más elevado). Uno tiene certeza de que algo es una *realidad del universo MEST* (ilusión). Puede tener certeza de que algo es una *delusión*. Cualquier certeza es un knowingness. Knowingness es cordura. De modo que tenemos tres rutas de certeza por medio de las cuales podemos abordar el knowingness.

Knowingness:

El knowingness depende de la certeza.

Aberración:

La aberración depende de la incertidumbre.

PERCEPCIÓN THETA:

Aquello que uno percibe irradiando hacia un objeto y percibiendo por la reflexión diversas características del objeto, como el tamaño, el olor, el tacto, el sonido, el color, etc. La percepción theta se aumenta ejercitándose en certezas según lo anterior. La percepción theta depende de la disposición para manejar energía y crear espacio, energía y objetos. En vista del hecho de que se puede determinar fácilmente que el universo MEST es una ilusión, uno debe tener capacidad para percibir ilusiones antes de poder percibir claramente el universo MEST. El thetán que no puede percibir el universo MEST fácilmente también será incapaz de manejar y orientar con certeza otras clases de ilusiones. La percepción theta es también un índice directo de la responsabilidad, porque la responsabilidad es la disposición para manejar fuerza.

PERCEPCIÓN MEST:

Grabaciones que el thetán toma de los órganos de percepción del cuerpo humano, como un atajo para la percepción (percepción perezosa). El cuerpo graba auténticas emanaciones de ondas del universo MEST, el thetán usa estas grabaciones. Se podría reunir una cantidad considerablemente mayor de información sobre este tema.

ORIENTACIÓN:

Determinación de localizar en el espacio y el tiempo y determinación de la cantidad de energía presente. Esto se aplica al pasado, al presente y al futuro.

RISCOS:

Acumulaciones "sólidas" de energía que están suspendidas en el espacio y en el tiempo. Los riscos se pueden manejar de diversas maneras. También pueden explotar.

FACSÍMILES:

Reproducciones a base de energía de cosas en los diversos universos. Están sujetos a riscos.

Extremo del Terminal:

Una línea de comunicación hacia algo tiene al preclear en un extremo y a otra cosa en el otro extremo. Cuando se abandona el extremo del terminal, el flujo se estanca y el preclear debe sujetar ese extremo abandonado a su propio cuerpo. Estos son los factores mecánicos que explican la pérdida que produce pesar. En la rutina de Procesamiento Creativo se pueden hacer mock-ups de líneas de ARC y manejarlas, este proceso resolverá dificultades con los extremos de los terminales. Estos terminales son bastante visibles para el thetán quien los ve ya sea enrollados alrededor del cuerpo, extendiéndose a otros cuerpos o adentrándose a una distancia considerable en el espacio. El thetán de hecho puede tirar de estos terminales, incluso de los que se adentran en el espacio, y liberar el otro extremo, ya sea que lo perciba o no, y así recuperar tales líneas y disponer de ellas.

Cuerpos Astrales:

La delusión de alguien. Los cuerpos astrales son generalmente mock-ups que luego el místico intenta creer que son reales. En las prácticas más comunes de "viaje astral", ve el cuerpo astral como algo diferente y luego intenta habitarlo. Es probable que cualquiera que confunda los cuerpos astrales con los thetanes tenga dificultad con el Theta Clearing, ya que estas dos cosas no pertenecen al mismo orden de semejanza. La exteriorización de un thetán, cuando realmente se logra, es tan completa y absoluta y viene acompañada por tantos otros fenómenos, que quienquiera que haya hecho un esfuerzo por relacionar esas dos cosas es bastante seguro que se retractará después de que se le haya llevado a Theta Clear. La diferencia más notable es que el thetán no tiene cuerpo. La producción de ilusión a la que luego trató de asignar realidad MEST es probablemente el factor subyacente que hace que el misticismo sea tan aberrante. La información procedente de la India, sabiendo o sin saberlo, está llena de "trampas", de tal manera que aunque contenga muchas verdades esenciales, que no se han evaluado ni aislado, contiene también instrucciones que sin duda meterán al experimentador todavía más profundamente en el estado indeseable de convertirse en MEST. Hasta hace poco, lo más cerca que uno podía llegar a estudiar la realidad de la existencia era por medio del campo del misticismo y su valor no debería menospreciarse. Pero su efecto es entregar un resultado totalmente opuesto a cualquier experimentador que sea tan desafortunado como para esperar alcanzar *causa* convirtiéndose en *efecto,* como se requiere en el misticismo. Ver y sentir "inexistencias" es aterrador y nocivo sólo cuando uno trata de creer que son existencias. Sólo cuando se sabe que uno las ha creado se puede tener certeza acerca de ellas. Uno puede crear alucinaciones para sí mismo sólo con insistir en que lo que ha creado se creó de otra manera; en resumen, rehusándose a aceptar responsabilidad por las ilusiones que él mismo ha creado.

ELECTRÓNICA:

Manifestaciones inferiores y más toscas del mismo orden de realidad que el pensamiento.

TERMINALES:

En los facsímiles, los riscos y los motores eléctricos, los terminales y los flujos de corriente operan sólo cuando están fijos en el tiempo y el espacio. La corriente alterna resulta posible sólo debido a un elemento que se ha pasado por alto, la base del motor, que está fija en el tiempo y el espacio y que mantiene separadas a los terminales al fijarlos en el tiempo y el espacio.

EL ALMA HUMANA:

El preclear.

MISTICISMO:

Muchas ideas correctas, pero la manera incorrecta de abordarlas.

LIBERTAD:

Capacidad para crear y colocar energía o materia en el tiempo y el espacio.

Esclavitud:
Ser colocado en el tiempo y el espacio de otro.

El Cuerpo Humano:
Máquina de carbono y oxígeno compuesta de riscos electrónicos complejos alrededor de la entidad genética que lo anima.

La Mente Humana:
El thetán más los bancos de memoria estándar.

Estímulo-Respuesta:
El entorno del thetán activando riscos para hacer que estos activen al cuerpo.

La Mente Reactiva:
El sistema de respuesta automática por riscos.

La Mente Somática:
La entidad genética más el sistema cerebral del cuerpo.

Scientology:
La ciencia de saber cómo saber.

Saber Cómo Saber:
Ser el thetán, libre del cuerpo y de sus riscos, y capaz de manejar ilusión, materia, energía, espacio y tiempo.

Theta Clear:
Un ser que está razonablemente estable fuera del cuerpo y no regresa al interior del cuerpo sólo porque el cuerpo esté lesionado. Ninguna otra condición es necesaria.

Theta Clear Hecho Clear:
Un thetán que está completamente rehabilitado y puede hacer todo lo que un thetán debería hacer, como mover el MEST y controlar a otros a distancia, o crear su propio universo.

Theta Exterior:
Un thetán que se ha liberado de su cuerpo y que lo sabe pero todavía no está fuera en forma estable.

Procedimiento Operativo Estándar

Este proceso se realiza por pasos. Con *cada* preclear, el auditor, no toma otra decisión excepto comenzar con el Paso I. Y si no puede llevarlo a cabo de inmediato, va al Paso II. Si no puede llevarlo a cabo de inmediato, va al Paso III y así sucesivamente. Cuando es capaz de lograr un paso, etiqueta el caso con el número de ese paso, por ejemplo, "un III". Entonces empieza a trabajar con ese paso. Después de unas cuantas horas de trabajo, vuelve a empezar en la parte superior con el preclear, en el Paso I, y avanza a partir de ahí. Al final el preclear llega a ser un Paso I.

Paso I: Exteriorización Positiva

Pídele al preclear que "esté un metro detrás de su cabeza". Si lo hace, pídele que retroceda todavía más, luego que suba, luego que baje, practicando ubicación en el espacio y en el tiempo. Luego se le pide que vea si hay partes de su cuerpo que le gustaría reparar y se procede a dejar que el preclear las repare de acuerdo a sus propias ideas de cómo debería hacerlo. Después educas al preclear, pidiéndole que cree y destruya sus propias ilusiones, hasta conseguir finalmente una certeza en la ilusión y a partir de esto la certeza de percibir el universo real con todos los percépticos. (Nota: el universo más real es, por supuesto, el universo ilusorio propio y debería rehabilitarse por completo antes de intentar percibir, manejar o preocuparse por el universo MEST. Rehabilitados, el sónico, la visión, etc., del universo MEST son muy claros y muy fiables. Una percepción clara en las etapas iniciales no es una prueba de estar fuera. La única prueba es si el preclear *sabe* que está fuera). Cambio de Postulados (Procesamiento de Postulados y Procesamiento de Escala Ascendente). Si no puede hacer la primera línea de este paso, ve al Paso II.

Paso II: Por Orientación

Pídele al preclear, que aún está dentro, que localice la parte interior de su frente. Pídele que coloque un rayo presor contra la frente y que se empuje hacia afuera por la parte posterior de la cabeza. Complementa esto pidiéndole que por la parte posterior de su cabeza tienda un rayo que agarre de la pared, y tire de sí mismo hacia fuera. Pídele al preclear que se estabilice afuera y luego, mediante rayos, que se eleve y descienda, estando fuera, y se traslade a diversas partes de la sala, mientras permanece fuera. Usa el Procesamiento Creativo. Mediante orientación como thetán, colocándose como thetán en el tiempo y el espacio, llega a estar seguro de su ubicación. Haz que encuentre y deseche líneas viejas que tengan sus terminales fijas en él. Haz que encuentre esas líneas dondequiera que estén, y que las conecte a radiadores y grifos de agua, y haz que les drene totalmente la energía. Por lo general, el II tiene suficientes líneas como para hacerle volver bruscamente a la cabeza cuando suelta los rayos. Si no es capaz de hacer esto, ve al Paso III.

Paso III: Procesamiento de Espacio

Dado que el universo MEST ha impuesto al thetán sus dimensiones y orientaciones espaciales, es probable que el thetán llegue a ser un punto que está sujeto a todos los contra-esfuerzos y emociones de su entorno, ya que el universo MEST está determinando todo su concepto de espacio. Haz que el thetán, que aún está dentro, encuentre sus pies en la dirección opuesta al lugar donde el cuerpo MEST ha sido ubicado por el universo MEST. Haz que le dé la vuelta a los pies. Haz que cree diferencias en su cuerpo e invierta diversos miembros y posiciones según su punto de vista, cada una en desacuerdo con el universo MEST, en especial en lo que se refiere a la gravedad y otras influencias. Esto establece la capacidad de estar en desacuerdo con el universo MEST en lo que respecta al espacio. Haz que localice sus ojos en la parte posterior de su cabeza, en las plantas de los pies y en otras partes. Haz que adopte otros cuerpos, y que en cada ocasión los cambie un poco y los deje a un lado. Luego haz que se agrupe en su área espacial normal del universo MEST, y ve al Paso I.

Paso IV: Recorrido de Riscos

Pídele al preclear que se dé la orden de caminar. Permite que localice la línea blanca de flujo que se produce en el interior de su cabeza. Cuando esta línea se oscurezca, haz que localice el risco diminuto que la detuvo en el interior del cráneo. Haz que recorra el flujo desde esta barrera regresando al punto en que él se dio la orden de caminar (estas barreras son riscos diminutos y cada una de ellas contiene un pensamiento como "No puedo caminar" o "Demasiado aburrido para caminar"). Esto se recorrerá en blanco por un momento y luego se volverá negro. Haz que vuelva a darse la orden de caminar y que "observe" esta línea de flujo. Puede pasar a través de dos o tres barreras diminutas y luego detenerse. Una vez más, haz que el preclear recorra la "objeción" a caminar. Haz que observe este flujo de objeción hasta que se vuelva negro. Luego haz que se vuelva a dar la orden de caminar y así sucesivamente. Terminará en algún punto externo. Ahora haz que se dé la orden: "Escucha" y haz que recorra esto y sus flujos inversos en Negro y Blanco, hasta que esté exterior en el tema de escuchar. Después emplea la orden "Habla" de manera similar. Luego la orden "Asiente con la cabeza", luego la orden "Muévete", etc. Al último dale la orden: "Mira" porque puede "cegar" su percepción de negro y blanco. Es posible que en cada ocasión se salga a cierta distancia en otro lugar. Si puede hacer todo esto, comienza de nuevo con el Paso I. Si este paso falla, si no puede "ver" manifestaciones de energía negra y blanca, ve al Paso V.

Paso V: Procesamiento de Control de Negro y Blanco

Hazle al preclear un assessment completo con el E-Metro, utilizando los principios de lo que Crearía o Destruiría o de lo que no Crearía o no Destruiría (véase *Assessments del Preclear: Creación y Destrucción*). Usa estos datos para hacer mock-ups. Después haz que el preclear cree y perciba manchas negras y luego manchas blancas, cruces negras y cruces blancas, y que las mueva de un lugar a otro en la sala o a través de su propio espacio. Que las encienda y las apague, intercámbialas, ponlas en ayer, ponlas en mañana, haz que se hagan más grandes y haz que se hagan más pequeñas, haciendo en cada ocasión lo máximo que el preclear pueda hacer. Cada vez que se le pide que perciba una de sus propias ilusiones creadas, como manchas o cruces en negro y blanco, uno intenta persuadirlo para que tenga un control efectivo de eso. Audítalo de manera muy persuasiva y con suavidad. Este preclear por lo general le tiene miedo a la negrura porque puede contener cosas peligrosas, o no contener nada, y él no puede diferenciarlas. Por lo tanto no puede controlar la negrura y al no ser capaz de controlar la negrura, se mueve con dificultad en ella. También tiene una computación básica de que la negrura es el único lugar seguro en el cual esconderse y por lo tanto, la negrura es algo que puede tenerse. Además, la negrura "toma" cosas por él. Puede ser que este preclear le tenga miedo a la policía, puede creer que tiene un cuerpo horrible, en cuanto a theta, y tiene muchas otras razones por las que no se puede exteriorizar. Los ejercicios de crear y percibir negro y blanco deberían continuarse hasta que pueda manejar cada uno de ellos con facilidad. El problema con este preclear, y con los preclears que están aún más abajo, es que se han puesto de acuerdo con el universo MEST en un grado demasiado marcado y deben tener mucho cuidado al confrontarlo, dado que conciben que en esa dirección es donde se encuentra una derrota incluso mucho más completa que la que están sufriendo ahora. Audítalo también muy intensamente en el Procesamiento Creativo *(Autoanálisis en Scientology)*. Luego vuelve a recorrer los pasos. Si se percibe de inmediato que el preclear tiene poca o ninguna realidad en *cualquier* incidente, ve al Paso VI.

Paso VI: ARC Línea Directa

Haz ejercicios relacionados con candados mediante preguntas directas, hasta que el preclear pueda recordar algo verdaderamente "real" para él, algo que "realmente le gustó", algo con lo que estuvo en comunicación. Luego ejercítalo en la creación de ilusiones hasta que esté seguro de haber creado una que verdaderamente no sea real, en la que esté seguro de que *él* puso la emoción y la percepción. (Véase *Autoanálisis en Scientology* poniendo atención en el Procesamiento de Fin de Sesión). Luego vuelve a recorrer los pasos. Si no es capaz de llevar a cabo el Paso VI después de una prueba rápida, ve al Paso VII.

Paso VII: Orientación del Cuerpo en Tiempo Presente

Haz que el preclear localice una parte de su cuerpo y la reconozca como tal. Haz que localice los muebles, los accesorios y al auditor en la sala. Haz que localice la ciudad y el país en que se encuentra. Haz que encuentre algo en tiempo presente que sea verdaderamente real para él, con lo cual se pueda comunicar. Trabaja en esto hasta que lo pueda hacer. Luego ve al Paso VI. Luego ve al Paso I.

∞

Assessments del Preclear

"...todo hombre es su propio universo y posee dentro de sí todas las facultades de un universo".

∞

Capítulo Veintiocho

Ser, Hacer, Tener y el Triángulo de Espacio, Energía, Tiempo

"Espacio, Tiempo y Energía, en la experiencia, se convierten, en Ser, Tener y Hacer...".

Capítulo Veintiocho

Ser, Hacer, Tener y el Triángulo de Espacio, Energía, Tiempo

LOS ESTUDIOSOS EN FÍSICA desde hace mucho tiempo han estado dando vueltas en un carrusel con respecto a las partes componentes del universo material. Han tenido que definir el tiempo en relación con espacio y energía, el espacio en relación con tiempo y energía, la energía en relación con tiempo y espacio, y materia como una combinación de los tres. Cuando existen tres factores a tal altura en una ciencia, no puede haber una clarificación mayor, a menos que la información pueda relacionarse con experiencias de igual magnitud.

Las definiciones actuales en Scientology tienen este riesgo: si el auto-determinismo es la acción de situar materia y energía en el tiempo y el espacio, y la creación, el cambio y la destrucción de tiempo y espacio, entonces no hay datos comparables mediante los cuales evaluar este nivel.

Los que se dedican a la física han encontrado que la interrelación del tiempo, el espacio y la energía es de valor incalculable y de hecho, han producido una civilización a partir de esta interrelación. Del mismo modo, con nuestra definición de auto-determinismo, se puede desaberrar a un individuo y aumentar sus potencialidades de un modo que nunca antes se había sospechado que fuera posible, y con una velocidad que excede todas las estimaciones pasadas, incluso en la ciencia de Scientology.

Como ahora estamos trabajando a partir de una comprensión superior al tiempo, al espacio y a la energía, es posible compararlos con la experiencia de manera que se amplíe su uso y se modifique o se aumente su fuerza. El control del tiempo, el espacio y la energía forman sin duda parte de nuestras facultades.

Espacio, Tiempo y *Energía,* en la experiencia, se convierten, en *Ser, Tener* y *Hacer,* las partes que componen la experiencia en sí.

Espacio = Ser

Podría decirse que el *espacio* es *ser.* Uno puede ser en un espacio sin cambio y sin tiempo. Y también puede ser sin acción.

Tiempo = Tener

La esencia del *tiempo* es aparentemente la posesión *(tener).* Cuando cesa la posesión, cesa el registro del tiempo. Sin posesión, no se puede observar el cambio. En presencia de posesión, se puede observar el cambio. Por lo tanto, se deduce que el tiempo y la posesión son interdependientes.

El *pasado* podría subdividirse en "tuve", "debería haber tenido", "no tuve" y "conseguí", "debería haber conseguido", "no conseguí" y "di", "debería haber dado", "no di".

El *presente* podría subdividirse en "tener", "debería tener", "no tener" y "dar", "debería dar", "no dar" y "recibir", "debería recibir", "no recibir".

El *futuro* se subdivide en "tendré", "debería tener", "no tendré" y "conseguiré", "estaré consiguiendo", "no estaré consiguiendo" y "recibiré", "no recibiré".

En cada uno de los puntos anteriores (pasado, presente y futuro) el término se aplicaría a cualquier individuo, o a cualquier parte de las dinámicas, a todas las demás dinámicas.

La manera en que uno sabe que hubo un pasado es conociendo las condiciones del pasado. La más reveladora de estas es el facsímil que se tomó en el pasado. Sin embargo, al no haber en el presente una posesión que provenga del pasado, el pasado llega a carecer de importancia. O bien, debido a que cesó la posesión, el pasado se destruye. La mera cuestión de que el cuerpo de una vida pasada no esté en la vida presente invalida la existencia de la vida pasada para el individuo quien entonces no la recuerda, o no se preocupa por recordarla. No obstante, los facsímiles aún pueden causar efecto en él.

De manera similar, el individuo no concibe, en grado alguno, el tiempo posterior a la muerte de su cuerpo, ya que no tendrá cuerpo.

Energía = Hacer

La *energía,* ya sea en el campo del pensamiento, la emoción o el esfuerzo, puede resumirse en *hacer.* Se necesita beingness y havingness para lograr doingness. Tenemos aquí el estático del espacio actuando contra el cinético de la posesión para producir acción en el campo del pensamiento, la emoción o el esfuerzo (las diversas categorías del doingness).

Si uno quisiera someter esto a prueba como proceso en un preclear, encontraría que las porciones faltantes del pasado del preclear tienen que ver con la pérdida de algo. La pérdida, en sí, es el factor particular más aberrante en el vivir. Desde hace mucho se sabe en esta ciencia que la liberación de una carga de pesar significaba una importante mejoría en el preclear. El pesar se relaciona íntegra y únicamente con una pérdida o una amenaza de pérdida. El dolor en sí puede definirse en relación con la pérdida. Pues el dolor es la amenaza que le dice a uno que la pérdida de movilidad, o de una porción del cuerpo o del entorno, es inminente. El Hombre ha identificado tan completamente el dolor con la pérdida, que en algunos idiomas esas palabras son sinónimos.

La pérdida siempre se identifica con *tener.* Ya que si uno no tiene, no puede perder.

Los hindúes trataron de partir hacia su Nirvana rehusándose a estar relacionados de algún modo con tener. De esa manera buscaron ascender a *ser.* Se dieron cuenta de que mientras retuvieran cualquier tipo de vínculo con un cuerpo, en cualquier grado, estaban *teniendo* y por lo tanto se veían obligados a *hacer.*

A menudo, tener y ser se identifican hasta tal punto que muchas personas exclusivamente tratan de *ser* sólo *teniendo.* El capitalista juzga su propio beingness únicamente por el grado de posesión, ni siquiera vagamente por el grado de acción que es capaz de ejecutar.

Las posesiones absorben e imponen tiempo. Sólo sin posesiones sería uno capaz de regular el tiempo a voluntad. Este es un atributo singular del Theta Clear Hecho Clear. Y para él la posesión de MEST es completamente trivial.

Uno puede compensar la falta de tener, haciendo. Y al hacer, logra tener, y así regula el tiempo.

El tener mejora el ser o el hacer, como a veces lo reconoce de forma indiscutible y precisa alguien a quien le gustaría tomarse unas vacaciones o hacer un viaje al extranjero.

El hacer puede mejorar el ser o el tener. Un hacer equilibrado tiende en ambas direcciones. Pero si uno hace sin tener, su ser aumenta, como bien lo sabe cualquier persona que insiste en hacer favores sin recompensa y sin ganancia.

Existe una velocidad óptima de hacer. Si uno viaja a menos de esa velocidad, tiene poco ser y tener. Esto se aplica en especial al universo MEST. Si uno viaja a una velocidad mayor que esa, tiene que abandonar tanto el ser como el tener. El ejemplo de un piloto de carreras viene al caso. Tiene que adoptar un desprecio por ser y tener, para alcanzar la velocidad que logra.

Cuando el cambio es demasiado rápido, tanto el beingness como el havingness sufren. Cuando el cambio es demasiado lento, tanto el beingness como el havingness sufren. Pues el cambio es en esencia el desvío de la energía.

Al hacer el assessment de un preclear mediante el uso del triángulo de *Ser, Tener* y *Hacer,* y colocándolo sobre un segundo triángulo con *Espacio* en el punto de Ser, *Tiempo* en el punto de Tener y *Energía* en el punto de Hacer, se puede rastrear con facilidad dónde excede el preclear ese equilibrio y por qué no puede manejar el tiempo, o por qué la vida se ha complicado con demasiado havingness y ha reducido su beingness a nada, o por qué está él tratando de ocupar demasiado espacio sin ser capaz de llenarlo.

En el universo MEST, al igual que en un universo construido, estos tres factores deberían estar en equilibrio para tener un progreso ordenado.

∞

∞

Capítulo Veintinueve

CREACIÓN Y DESTRUCCIÓN

"La creación ilimitada sin destrucción alguna sería demente. La destrucción ilimitada sin creación alguna sería, de igual manera, demente".

Capítulo Veintinueve

Creación y Destrucción

Podría decirse que el ciclo de un universo es el ciclo de la *creación,* el *crecimiento,* la *conservación,* el *deterioro* y la *destrucción.* Este es el ciclo de todo un universo o de cualquier parte de ese universo. También es el ciclo de los seres vivos.

Esto se equipara a las tres acciones de la energía, que son *comenzar, cambiar* y *parar,* donde la creación es comenzar, el crecimiento es cambio impuesto, la conservación y el deterioro son cambio inhibido y la destrucción es parar.

Los dos extremos del ciclo, *creación* y *destrucción,* o en lo que se refiere al movimiento, *comenzar* y *parar,* son interdependientes y son consecutivos.

No podría haber creación sin destrucción. Así como se necesita derribar la casa destartalada antes de construir el edificio de apartamentos, en el universo material la destrucción y la creación tienen que entremezclarse. Se podría decir que una buena acción es aquella que logra la máxima construcción con la mínima destrucción. Podría decirse que una mala acción sería aquella que lograra una construcción mínima con la máxima destrucción.

Lo que se comienza y no puede pararse y lo que se para sin permitirle seguir un curso, son igualmente, acciones que rayan en lo psicótico. La irracionalidad en sí se define como la persistencia en uno u otro de estos cursos de comenzar algo que no se puede parar (como en el caso de una bomba atómica) o de parar algo antes de que haya alcanzado una etapa benéfica.

La creación ilimitada sin destrucción alguna sería demente. La destrucción ilimitada sin creación alguna sería, de igual manera, demente.

En realidad, la demencia se puede agrupar y clasificar, detectar y remediar, mediante un estudio de la creación y la destrucción.

Un individuo no será responsable de aquello en lo que no use la fuerza. La definición de responsabilidad se encuentra por completo dentro de estos límites. Una persona no será responsable en aquella esfera en que no pueda tolerar fuerza. Y si uno descubre a un individuo que no está dispuesto a usar fuerza, encontrará donde esa persona se niega también a ser responsable.

Puede hacerse un assessment de un caso utilizando la siguiente gráfica. En ella vemos Creación, con una flecha que apunta directamente hacia abajo, y encontramos ahí la palabra Demente. Y bajo ella, enumeramos las dinámicas. En cualquier lugar, a lo largo de cualquiera de estas dinámicas, donde el individuo no pueda concebir que es capaz de crear, se encontrará que está aberrado en ese nivel en la medida en que no se crea capaz de crear. Podría pensarse que esto introduce un imponderable, pero no es así. Porque donde más aberrado está el individuo es en la Primera Dinámica y con razón o sin ella, concibe que no podría crearse a sí mismo. En el *Homo sapiens* esto llega al grado de creer que no puede crear un cuerpo y con razón y sin ella, donde uno está entonces más aberrado es en el tema de su cuerpo.

En potencia, debido al carácter de theta en sí, un individuo en un estado absoluto y posiblemente inalcanzable debería ser capaz de crear un universo. Sin duda es cierto que todo hombre es su propio universo y posee dentro de sí todas las facultades de un universo.

En el extremo derecho de la gráfica, tenemos la palabra Destrucción y una flecha que apunta hacia abajo hacia Demente. Y debajo de esto, está la lista de las dinámicas. Podría decirse que el individuo que sólo puede destruir en cualquiera de estas dinámicas, y no puede o no quiere crear, está aberrado en esa dinámica. Está aberrado en la medida en que destruiría esa dinámica.

Creación ←	→ Destrucción	
Demente	**Cuerdo**	**Demente**
Crear	Crecer Conservar Deteriorar	Destruir
Comenzar	Cambiar	Parar
Diferenciar	Asociar	Identificar
Ser	Hacer	Tener
Espacio	Energía	Tiempo
40.0	20.0	0.0
Dinámica 1	Dinámica 1	Dinámica 1
Dinámica 2	Dinámica 2	Dinámica 2
Dinámica 3	Dinámica 3	Dinámica 3
Dinámica 4	Dinámica 4	Dinámica 4
Dinámica 5	Dinámica 5	Dinámica 5
Dinámica 6	Dinámica 6	Dinámica 6
Dinámica 7	Dinámica 7	Dinámica 7
Dinámica 8	Dinámica 8	Dinámica 8

Al examinar de nuevo la columna de la Creación, encontramos que el individuo está aberrado en cualquier parte de las dinámicas en esa columna en donde el individuo sólo está dispuesto a crear y no a destruir.

En la columna de Destrucción, encontramos que el individuo está aberrado en cualquier dinámica en la columna en la que sólo está dispuesto a destruir.

En la parte media de la gráfica, encontramos que un equilibrio entre Creación y Destrucción es Cuerdo. Y en las dinámicas que están debajo de esto, encontramos que el individuo está cuerdo siempre que cree y destruya.

El uso de esta gráfica y estos principios le permite al auditor determinar compulsiones y obsesiones que hasta el momento habían permanecido ocultas en el preclear.

Esta es una gráfica de auditación. Si alguien la examina de una manera no relacionada con la auditación, encuentra que en ella se expresa lo que en ocasiones se ha planteado como una filosofía de la existencia. Friedrich Nietzsche, en su libro *Así Habló Zaratustra,* presenta como código deseable de conducta, "una disposición ilimitada a destruir". Filosóficamente, el código tiene poca o ninguna funcionalidad. Para sobrevivir en cualquier universo, la conducta se debe regular por un sentido de la ética. La ética es posible a un nivel racional sólo cuando el individuo está en un nivel alto de la Escala Tonal. En ausencia de tal condición elevada, la ética se ve sustituida por los principios morales, que se pueden definir como "un código de conducta arbitrario que no necesariamente se relaciona con la razón". Si uno intentara regular su conducta basándose en la creación o la destrucción ilimitadas, encontraría necesario actuar con una total carencia de criterio para llevar a efecto su filosofía. Es digno de mención que el reciente régimen nazi puede servir como prueba clínica de la funcionalidad de un sistema en que la creación y la destrucción ilimitadas se consideran como un ideal. Últimamente he oído el rumor de que Adolfo Hitler estaba muerto.

∞

"Un thetán puede ser

∞

Libro Dos

1953

lo que puede ver. Puede ver lo que puede ser".

∞

Parte Uno

Los Factores

"La primera acción del beingness es adoptar un punto de vista".

∞

Capítulo Uno

Los Factores

"Y así hay vida".

Capítulo Uno

Los Factores

esumen de las consideraciones y exámenes del espíritu humano y el universo material terminados entre 1923 y 1953 d. C.).

Antes del principio hubo una Causa y el propósito total de la Causa era la creación de un efecto.

En el principio y por siempre está la decisión y la decisión es SER.

La primera acción del beingness es adoptar un punto de vista.

La segunda acción del beingness es proyectar desde el punto de vista, puntos a los cuales ver, que son puntos de dimensión.

5 De este modo se crea el espacio, pues la definición de espacio es: punto de vista de dimensión. Y el propósito de un punto de dimensión es espacio y un punto al cual ver.

6 La acción de un punto de dimensión es alcanzar y retirarse.

7 Y del punto de vista a los puntos de dimensión hay conexión e intercambio: así se crean nuevos puntos de dimensión: entonces hay comunicación.

8 Y así hay LUZ.

9 Y así hay energía.

10 Y así hay vida.

11 Pero hay otros puntos de vista, y estos puntos de vista proyectan puntos a los cuales ver. Y se produce un intercambio entre puntos de vista; pero el intercambio nunca es de otro modo que en cuanto a intercambiar puntos de dimensión.

12 Al punto de dimensión lo puede mover el punto de vista, porque el punto de vista, además de capacidad creativa y consideración, posee volición e independencia potencial de acción: y el punto de vista, al ver puntos de dimensión, puede cambiar con relación a sus propios puntos o a otros puntos de dimensión o puntos de vista. Y así se producen todos los fundamentos que existen relativos al movimiento.

13 Todos y cada uno de los puntos de dimensión son *sólidos,* ya sean grandes o pequeños. Y son sólidos únicamente porque los puntos de vista dicen que son sólidos.

14 Muchos puntos de dimensión se combinan formando grandes gases, líquidos o sólidos: de este modo hay materia. Pero el punto más valorado es la admiración, y la admiración es tan fuerte que su sola ausencia permite la persistencia.

15 El punto de dimensión puede ser diferente de otros puntos de dimensión y por lo tanto puede poseer una calidad individual. Y muchos puntos de dimensión pueden poseer una calidad similar, y otros pueden poseer una calidad similar en sí mismos. Así se produce la cualidad de las clases de materia.

16 El punto de vista puede combinar puntos de dimensión y hacer formas y las formas pueden ser simples o complejas y pueden estar a diferentes distancias del punto de vista y así, puede haber combinaciones de forma. Y las formas son capaces de movimiento y los puntos de vista son capaces de movimiento y así puede haber movimiento de formas.

17 Y la opinión del punto de vista regula la consideración de las formas, su quietud o su movimiento, y estas consideraciones consisten en la asignación de belleza o fealdad a las formas, y estas consideraciones solas son arte.

18 Los puntos de vista opinan que algunas de estas formas deben perdurar. Así hay supervivencia.

19 Y el punto de vista nunca puede perecer; pero la forma puede perecer.

20 Y los muchos puntos de vista, en interacción, se vuelven mutuamente dependientes de las formas de cada uno, y no eligen distinguir completamente la propiedad de los puntos de dimensión y así se produce una dependencia de los puntos de dimensión y de los otros puntos de vista.

21 De esto resulta una consistencia del punto de vista con respecto a la interacción de los puntos de dimensión y esto, regulado, es el TIEMPO.

22 Y hay universos.

23 Los universos, entonces, son tres en número: el universo creado por un punto de vista, el universo creado por cada uno de los otros puntos de vista, el universo creado por la acción mutua de puntos de vista que se ha acordado sostener: el universo físico.

24 Y los puntos de vista nunca se ven. Y los puntos de vista consideran más y más que los puntos de dimensión son valiosos. Y los puntos de vista intentan convertirse en los puntos de anclaje y olvidan que pueden crear más puntos, espacios y formas. Así se produce la escasez. Y los puntos de dimensión pueden perecer y de este modo los puntos de vista suponen que ellos también pueden perecer.

25 Así se produce la muerte.

26 Así se derivan las manifestaciones de placer y dolor, de pensamiento, de emoción y esfuerzo, de pensar, de sensación, de afinidad, realidad, comunicación, de comportamiento y de ser, y los enigmas de nuestro universo están aparentemente contenidos y resueltos en esto.

27 *Hay* beingness, pero el Hombre cree que sólo existe becomingness (condición de llegar a ser).

28 La solución de cualquier problema planteado aquí es el establecimiento de puntos de vista y puntos de dimensión, el mejoramiento de la condición y la confluencia entre los puntos de dimensión, y por tanto, los puntos de vista, y el remedio de la abundancia o escasez en todas las cosas, agradables o feas, mediante la rehabilitación de la capacidad del punto de vista para adoptar puntos de vista y crear y descrear, desatender, comenzar, cambiar y parar puntos de dimensión de cualquier clase según el determinismo del punto de vista. Se debe recuperar la certeza en los tres universos, porque la certeza, no los datos, es conocimiento.

29 En la opinión del punto de vista, cualquier beingness, cualquier cosa, es mejor que nada, cualquier efecto es mejor que ningún efecto, cualquier universo es mejor que ningún universo, cualquier partícula es mejor que ninguna partícula, pero la partícula de admiración es la mejor de todas.

30 Y por encima de estas cosas sólo podría haber especulación. Y por debajo de ellas está la participación en el juego. Pero el Hombre puede experimentar y conocer las cosas que están escritas aquí. Y algunos pueden querer enseñar estas cosas y algunos pueden querer usarlas para ayudar a los afligidos y algunos pueden desear emplearlas para hacer a los individuos y a las organizaciones más capaces y así podrían darle a la Tierra una cultura de la cual la Tierra podría estar orgullosa.

Ofrecidos humildemente por
L. Ronald Hubbard como un regalo
al Hombre el 23 de abril de 1953

∞

Capítulo Dos

Puntos de Vista y Puntos de Dimensión

"El espacio es el punto de vista de dimensión".

Capítulo Dos

PUNTOS DE VISTA Y PUNTOS DE DIMENSIÓN

Espacio

LA DEFINICIÓN funcional de espacio es "punto de vista de dimensión". No existe espacio sin punto de vista. No existe espacio sin puntos a los cuales ver.

La definición de espacio satisface una gran carencia en el campo de la física, la cual define al espacio simplemente como "aquello en lo cual actúa la energía". La física ha definido al espacio como un cambio de movimiento o con respecto al tiempo y la energía. El tiempo se ha definido con respecto al espacio y la energía. La energía se ha definido sólo con respecto al espacio y al tiempo. Estas definiciones, interdependientes de esta forma, crearon un círculo del cual no había salida, a menos que uno tuviera una mejor definición de uno de esos elementos, el tiempo, el espacio o la energía. En esta forma la ciencia de la física estaba limitada.

El espacio es el *punto de vista de dimensión.* La posición del punto de vista puede cambiar. La posición de los puntos de dimensión puede cambiar.

Un *punto de dimensión* es cualquier punto en un espacio o en los límites del espacio. Como caso especializado, aquellos puntos que demarcan los límites exteriores más lejanos del espacio o sus esquinas se llaman, en Scientology, *puntos de anclaje.* Un punto de anclaje es un tipo especializado de punto de dimensión.

Cualquier energía tiene como su partícula básica, un punto de dimensión. El punto de dimensión puede ser de diferentes clases y substancias. Se pueden combinar de varias maneras, pueden tomar formas, convertirse en objetos, pueden fluir como energía. Una partícula de admiración o una partícula de fuerza son igualmente puntos de dimensión.

Al desplazarse los puntos de dimensión, se le puede dar al punto de vista la ilusión de movimiento. El punto de vista, al desplazarse, puede dar a los puntos de dimensión la ilusión de movimiento. El movimiento es la manifestación de cambio de punto de vista o puntos de dimensión.

Los puntos de vista no son visibles, pero los puntos de vista pueden tener puntos de dimensión los cuales son visibles en sí. Por tanto, la influencia básica oculta es un punto de vista. Un elemento material del universo no puede existir en ningún universo sin algo en lo cual existir. Aquello en lo cual existe es el espacio. Y este se crea mediante la actitud de un punto de vista que demarca un área con puntos de anclaje.

Más que existir en teoría, en común con otros principios de Scientology, esta manifestación de espacio creado puede ser experimentada por un individuo, quien descubre que se puede hacer que el espacio coincida con cualquier otro espacio.

El espacio, entonces, no es un factor arbitrario ni absoluto, sino que un punto de vista puede crearlo o descrearlo.

Cualquier ser es un punto de vista. Existe como ser en la medida en que sea capaz de asumir puntos de vista. Por lo tanto, en cualquier sociedad, inevitablemente tendríamos una afirmación del carácter infinito del punto de vista, por ejemplo: "Dios está en todo lugar". Los seres instintivamente asignan el mayor beingness a aquello que estuviera en todo lugar. Y cuando el Hombre desea asignar a algo un poder o un dominio ilimitados, dice que eso está en todas partes.

Beingness

En este universo, con el propósito de alcanzar un estado de beingness es necesario tener un punto de vista desde el cual se pueda crear o controlar a los puntos de dimensión. Uno tiene un punto de vista en la medida en que tenga espacio en el cual ver, en relación con otros puntos de vista que tengan espacio en el cual ver. Entonces uno tiene una condición de beingness relativo.

Energía

La unidad básica de energía es el punto de dimensión. Una clase especializada de punto de dimensión es el punto de anclaje el cual demarca el espacio. Pero esto es de nuevo la unidad básica de la energía. El thetán crea, controla o descrea a los puntos de dimensión.

Materia

Con el propósito de tener espacio, es necesario tener un punto de vista y en el punto de vista el potencial de crear puntos de anclaje. Entonces para poder ver la materia, y con más razón para tener control sobre ella o crearla, es necesario tener un punto de vista.

∞

Capítulo Tres

UNIVERSOS

"Un universo se define como un 'sistema completo de cosas creadas'".

Capítulo Tres

UNIVERSOS

UN UNIVERSO SE DEFINE como un "sistema completo de cosas creadas". Podría haber y hay muchos universos y podría haber muchas clases de universos.

Para nuestros propósitos, aquí nos interesan dos universos en particular. El primero es el *universo MEST,* esa realidad acordada de materia, energía, espacio y tiempo que usamos como puntos de anclaje y mediante la cual nos comunicamos. El otro es nuestro *universo personal,* que es, en no menor grado, un asunto de energía y espacio. Estos dos universos son completamente distintos y se podría decir que la confusión y la aberración principales del individuo proceden de haber confundido un universo con otro. Cuando estos dos universos se han entrecruzado en la mente del individuo, encontramos una confusión en cuanto al control y a la propiedad debido a que los dos universos no se comportan igual.

Aunque cada uno de estos universos al parecer se cimentó sobre el mismo *modus operandi* que cualquier otro universo (es decir, la creación de espacio sacando puntos de anclaje, la formación de formas mediante combinaciones de puntos de dimensión) el universo MEST y el universo propio no se comportan de forma similar *para la persona.*

El universo propio se presta a la creación y a la destrucción instantáneas, por la persona misma y sin discusión. Puede crear espacio y llevarlo a un "estado permanente". Puede crear y combinar formas en ese espacio y causar que esas formas cobren movimiento. Y puede hacer que ese movimiento sea continuamente automático, o puede regularlo de forma esporádica o bien puede regularlo por completo, y todo mediante postulados. La visión que uno tiene de su propio universo es sumamente clara. En todo caso, la realidad del universo propio es más clara y brillante que su realidad en el universo MEST.

Llamamos "autenticidad" a la actitud de uno en relación a su propio universo y llamamos "realidad" a su actitud hacia el universo MEST, ya que se basa en el acuerdo.

A menos que un individuo se encuentre en un nivel operativo muy elevado, concibe que es necesario usar la fuerza física y aplicar las fuerzas del universo MEST a las fuerzas del universo MEST para conseguir acción, movimiento y nuevas formas. Su actividad en el universo MEST es una actividad relacionada con manejar energía, y su capacidad para existir en el universo MEST está condicionada por su capacidad para usar la fuerza. El universo MEST es en esencia un universo de fuerza, un hecho que, dicho sea de paso, es adverso a la mayoría de los thetanes. La capacidad de una persona para manejar el universo MEST está condicionada al hecho de no abdicar de su derecho de usar la fuerza, de su derecho de dar órdenes, de su derecho de castigar, de su derecho de administrar justicia personal y así sucesivamente. En el universo MEST se nos presenta un escenario crudo y brutal en el que fuerzas gigantescas ejercen presión contra fuerzas gigantescas y en el que el final de todo no parece ser otra cosa que la destrucción. Paradójicamente, en el universo MEST sólo es posible la destrucción de la forma, ya que por la ley de la "conservación de la energía", la destrucción de los objetos materiales reales es imposible; sólo puede lograrse la conversión.

En el universo MEST, la ética parece ser un riesgo. La honestidad es prácticamente imposible, excepto cuando se está armado con una fuerza de una magnitud inmensa. Sólo el fuerte puede permitirse ser ético, y sin embargo el uso de la fuerza no engendra otra cosa que el uso de la fuerza. En el universo MEST nos enfrentamos a paradoja tras paradoja en lo que respecta al comportamiento, puesto que el comportamiento en el universo MEST está regulado por estímulo-respuesta y no por el pensamiento analítico ni la razón. El universo MEST nos exige obediencia y acuerdo total y absoluto, bajo pena de exterminio. Sin embargo cuando uno se ha puesto totalmente de acuerdo con el universo MEST, encuentra que es incapaz de percibirlo con claridad.

Por otra parte, en el universo propio, la honestidad, la ética, la felicidad, el buen comportamiento, la justicia, todas resultan posibles.

Una de las maniobras del universo MEST, es que es un universo celoso. Y a quienes se les han inculcado a fondo los principios del universo MEST, tienen, incluso como su máximo esfuerzo, la meta de erradicar su universo propio. Al principio de la vida de casi todo hombre comienza una maniobra de control, mediante la cual se condena su imaginación. Su propio universo no es imaginario, pero puede decirse que lo es. Y si se condena su imaginación, entonces él pierde su capacidad para adornar la dureza y brutalidad del universo MEST con esperanzas y sueños. Cuando pierde esto, se convierte en esclavo del universo MEST. Y como esclavo, perece. Por lo tanto, su camino hacia la inmortalidad se encuentra en una dirección distinta al total acuerdo servil con el universo MEST y al manejo y conversión de sus fuerzas. Este es un tema que continuamente se ha sometido a pruebas. Y a la gente le resulta profundamente sorprendente descubrir que la rehabilitación de su capacidad creativa, de su propio espacio, de sus propias imágenes, rehabilita también su capacidad para confrontar el universo MEST con una actitud fuerte y ética.

El Procesamiento Creativo (en especial cuando separa todo el pensamiento del pensamiento del universo MEST y sigue una línea de rehabilitación del universo propio sin prestar atención al universo MEST) es un nivel de procesamiento que produce magníficos resultados y al que se puede recurrir en cualquier caso, sin importar lo difícil que sea.

Por otra parte, la rehabilitación del universo MEST en sí, en el concepto del individuo, logra mucho en el procesamiento y se podría decir que es comparable a la rehabilitación del universo propio. Pero la rehabilitación de la capacidad para percibir el universo MEST depende de su capacidad para percibir el tiempo presente y de la rehabilitación de esa capacidad. Pensar demasiado en el pasado o en el futuro del universo MEST es infructuoso. Pensar en el universo MEST, tratar de predecir el universo MEST, hacer planes para reorganizar y manejar el universo MEST anula toda nuestra capacidad para manejar al universo MEST. Cuando uno simplemente empieza a percibir el universo MEST en tiempo presente y a examinar lo que ve con la idea de que puede ser lo que ve, pierde todo temor al universo MEST.

Tenemos un proceso de diferenciación en el universo propio, un proceso de diferenciación exclusivamente para el universo MEST y un proceso de diferenciación que separa el universo propio del universo MEST. El primero de estos procesos simplemente se ocupa de reconstruir el universo propio sin prestar atención alguna al universo MEST. El segundo causa que el individuo se ponga en contacto con el tiempo presente del universo MEST y que observe ese tiempo presente continuamente. El tercero establece la diferencia entre el universo MEST y el universo propio, y consiste en hacer mock-ups de duplicados en el universo propio de cada objeto del universo MEST que uno puede percibir, y después realmente compararlos uno con otro (a este proceso se le llama *Duplicación*).

Crear espacio y hacer en él mock-ups de elementos es la rehabilitación del universo propio y es un proceso primario.

Diferenciar entre dos objetos similares en el universo MEST (como dos libros, dos sillas o dos espacios) con nuestra propia vista MEST, logra mucho en cuanto a ser capaz de encarar y manejar al universo MEST.

Hacer mock-ups de duplicados del universo MEST (es decir, construir un universo paralelo al universo MEST) es el mecanismo mediante el cual se hacen los facsímiles y este proceso pone bajo control los mecanismos que hacen los facsímiles.

La definición original de Scientology 8-8008 era el logro del infinito (8) mediante la reducción del infinito aparente (8) y el poder aparente del universo MEST a cero (0) para uno mismo, y el incremento del cero aparente (0) del propio universo hasta el infinito (8) para uno mismo. Este es un proceso ideal y teórico. No es necesariamente alcanzable en forma auténtica o real, pero bien podría serlo. Puede verse que el símbolo del infinito colocado verticalmente representa el número ocho. Por lo tanto, Scientology 8-8008 no es sólo otro número, sino que sirve para fijar en la mente del individuo una ruta mediante la cual puede rehabilitarse a sí mismo, sus capacidades, su ética y sus metas.

∞

∞

Capítulo Cuatro

El Comportamiento de los Universos

"El universo MEST es aquello con lo que uno está de acuerdo para continuar asociado con otros puntos de vista".

Capítulo Cuatro

EL COMPORTAMIENTO DE LOS UNIVERSOS

PODRÍA DECIRSE, entonces, que la diferencia entre el microcosmos (el universo propio) y el macrocosmos (el universo MEST) es la diferencia entre *dominarlo* y *acordar* con respecto a él.

El universo propio es lo que el individuo construiría como universo sin la oposición o la confusión de otros puntos de vista. El universo MEST es aquello con lo que uno está de acuerdo para continuar asociado con otros puntos de vista. Esta bien podría ser la única diferencia entre estos dos universos.

Un ejemplo de esto sería la actitud de comportamiento que uno tiene en el universo propio al compararla con la actitud de su comportamiento en el universo MEST. En el universo propio, el individuo planifica e idea expansivamente (en cuanto empieza a tener cierta confianza en él) de acuerdo a las pautas de belleza y felicidad. En el universo MEST, aun cuando la persona se haya rehabilitado en cierta medida, su actitud debe contar con un cierto estado de vigilancia y cooperación.

El universo propio es un dominio insojuzgable. El universo MEST es una concesión. Cuando uno ha hecho concesiones durante demasiado tiempo y con demasiada frecuencia, cuando ha sido traicionado y ridiculizado y ya no es capaz de crear lo que él cree que es deseable, desciende a niveles más bajos. Y en esos niveles se ve aún más obligado a enfrentarse al universo MEST y al hacerlo, pierde mucho más de su capacidad para manejar el universo MEST. Cuando se rehabilita la capacidad de un individuo para crear su universo propio, se verá, por extraño que parezca, que su capacidad para manejar el universo MEST se ha rehabilitado. De hecho, esta es la ruta más segura, según se expresa en 8-8008 como camino.

Mediante experimentos reales, se puede demostrar que la capacidad de alguien para hacer mock-up de un universo propio, y la resultante mejoría de sus percepciones en relación con ese universo, producen una capacidad para percibir el universo MEST. En realidad, esto podría inferirse como un tipo de evidencia de que el universo MEST en sí es una ilusión basada en un acuerdo, en vista del hecho de que rehabilitar la capacidad para ver la ilusión rehabilita la capacidad para ver el universo MEST.

∞

∞

Capítulo Cinco

Terminales

"Continuamente, al examinar el universo MEST, descubrimos que es un universo de dos terminales".

Capítulo Cinco

TERMINALES

CONTINUAMENTE, al examinar el universo MEST, descubrimos que es un *universo de dos terminales.*

En la producción de electricidad, es necesario tener dos terminales. Para evaluar una opinión, es preciso tener otra opinión con respecto a la cual se pueda evaluar la primera. Un dato puede comprenderse en el universo MEST sólo cuando se compara con un dato de magnitud comparable. Es decir, dos terminales que actúan en cuanto al pensamiento. Dos terminales del universo MEST que son similares, colocados lado a lado, se descargarán en cierto grado uno contra el otro. Esto se puede observar tanto en la gravedad como en la electricidad.

Una diferencia primaria entre el universo MEST y el universo propio es que el universo propio no es necesariamente un universo de dos terminales. En su propio universo, uno puede hacer mock-up de dos terminales que se descargarán uno contra otro. Pero también puede, a voluntad, hacer mock-up de dos terminales que sean idénticos, los cuales no se descargarán uno contra el otro.

Existen varios procesos que podrían incluir terminales dobles. Un terminal al que se le hace ponerse frente a otro, en forma de mock-up, puede descargarse contra el otro de tal manera que alivie la aberración relacionada con cosas similares al terminal del cual se ha hecho mock-up.

Sin embargo, estos dos terminales no proporcionan un terminal doble de una línea de comunicación. Una línea de comunicación es más importante que un punto de comunicación. Por tanto, si uno deseara descargar algo, desearía descargar la línea de comunicación. El universo MEST depende más intensamente de las líneas de comunicación que de los terminales de comunicación. Entonces, uno toma dos pares de esos terminales, y colocándolos en relación mutua, descubre que ahora tiene cuatro terminales. Pero estos cuatro terminales sólo proporcionan dos líneas. Estas dos líneas se descargarán la una contra la otra.

Esto, como proceso limitado, no debería continuarse durante mucho tiempo. Esto es de gran interés al dar una ayuda después de un accidente donde sólo se necesita hacer el mock-up del accidente dos veces o de hecho, hacer un mock-up de algo similar a la extremidad dañada para hacer que el dolor, la molestia y la aberración se descarguen.

Si una persona se quemara un dedo, lo único que tendría que hacer sería el mock-up de su dedo dos veces, uno junto al otro, y después dos veces más, con lo que hace cuatro mock-ups con dos líneas de comunicación, para hacer que el dolor del dedo disminuya. Los mock-ups se descargan al mismo tiempo que el dedo lastimado vuelve a experimentar el incidente.

Esta es la manifestación del universo MEST. No es una manifestación del universo propio y si se practica durante un periodo prolongado es, en esencia, un acuerdo con el universo MEST; algo que se debería evitar. Por lo tanto, es un proceso limitado.

Un terminal es, en esencia, cualquier punto sin forma, o de cualquier forma o dimensión, del cual pueda fluir energía o por el que se pueda recibir energía. Un punto de vista, entonces, es una especie de terminal. Pero un terminal debe tener una partícula con el fin de hacer intercambios automáticos. Y uno encuentra que el universo MEST sólo puede afectar a un punto de vista cuando el punto de vista se ha identificado con algún objeto del universo MEST, como lo es un cuerpo. La rehabilitación de la capacidad del punto de vista para *ser* o *no ser,* a voluntad, es esencial para que un punto de vista sea auto-determinado con respecto a lo que le afecta y lo que no le afecta. De modo que esto depende, por supuesto, de aquello con lo que se identifica el punto de vista. Y depende de la capacidad del punto de vista para desidentificarse con rapidez.

Los terminales están en cualquier parte del universo MEST, y se pueden fabricar, por supuesto, en el universo propio. La diferencia está en que cualquier porción de un sólido, (incluso al nivel de un electrón) en el universo MEST es, se quiera o no, un terminal. Se ve afectado de ciertas maneras, le guste o no. Cualquier partícula en cualquier objeto o cualquier flujo de energía es, en sí, un terminal. Un terminal puede verse afectado por cualquier otro terminal o puede afectar, hasta cierto punto, a otros terminales.

Esta interrelación entre los terminales del universo MEST es la comunicación del universo MEST. En el universo propio no es necesario un flujo para la producción de energía o de potenciales.

Una de las fuentes de aberración es la escasez de objetos en el universo MEST que causa que uno posea únicamente *un* ejemplar de cada cosa. Esto es aberrante porque *un* ejemplar puede acumular en sí cargas que no se descargan, debido a que no existe nada similar cercano a él. Si uno poseyera *dos* ejemplares de todo lo que tuviera, y si los dos fueran casi idénticos, vería que su inquietud y preocupación por estos objetos disminuiría en gran medida. Por ejemplo, una niña debería tener dos muñecas semejantes, no sólo una muñeca.

La razón de esto es que dos terminales se descargarán, uno contra otro. El thetán es capaz de hacer un mock-up de sí mismo que sea exactamente igual a todo lo que ve. De hecho, un thetán puede ser todo lo que puede ver. Por lo tanto, el thetán hace de sí mismo un terminal por cada terminal que vea siempre que falte un duplicado. Por lo tanto, el thetán corre el peligro de hacer que todo lo que se encuentra en el universo MEST se descargue contra él en el momento en que altere su relación con el universo MEST. Esto lo fija en la creencia de que no puede alterar su relación con el universo MEST. En realidad, el procesamiento lo desengaña de esta idea con bastante rapidez. Es bastante interesante convertir en Terminales Dobles, en forma de mock-ups, los juguetes de la infancia de una persona. El preclear encontrará que hay una cantidad enorme de carga simplemente por el hecho de que esos juguetes estaban hechos de MEST. La muñeca favorita tiene una influencia de atracción gravitatoria sobre la persona.

Totalmente aparte de los terminales que se encuentran en un motor eléctrico (y que producen cierta cantidad de corriente por estar separados por la base del motor), el tema de los terminales entra en el campo del comportamiento y explica el comportamiento en gran medida, basándose en el mecanismo de estímulo-respuesta en el universo MEST. De hecho, podría decirse que el universo MEST se originó porque un terminal exigía la atención de otro terminal y a partir de entonces estos dos terminales estuvieron frente a frente, y continuaron descargándose uno sobre el otro. Con gente muy aberrada no se puede hablar mucho sobre algo sin obtener la manifestación de terminales, pues la gente muy aberrada se queda fija en un terminal con facilidad.

Podría decirse que el universo MEST es el promedio del acuerdo entre puntos de vista y que las leyes del universo MEST, sin importar lo físicas que sean, son el resultado de este acuerdo. Y, de hecho, esta definición es suficiente para las condiciones que se supone que son "realidad".

El universo MEST es muy real. Pero cualquier hipnotizador puede dar instrucciones a un sujeto hipnotizado para que construya un universo que tenga manifestaciones táctiles, visuales, de sonido y cualquier otra manifestación que posea el universo MEST. Entonces, ¿quién dirá que el sujeto hipnotizado no está percibiendo un universo? Porque la propia percepción del universo MEST consiste en colocar un objeto cerca de otro o frente a este y se encuentra que estos dos son objetos del universo MEST. La gente pasa esto por alto cuando, por ejemplo, golpea un escritorio con el puño. La declaración favorita del materialista (el individuo que se encuentra en un estado frenético de insistencia con respecto a la existencia del universo MEST) es "esto es real". Los efectos que está creando están siendo creados por una mano que está hecha de MEST sobre un objeto que es MEST. El individuo ha pasado por alto el hecho de que la mano con la que está dando golpes es en sí MEST y que su conocimiento de esa mano en realidad no es mayor que la percepción que tiene de ella. Este es un problema en dos terminales.

∞

Capítulo Seis

LÓGICA

"La lógica es la combinación de factores para obtener una respuesta".

Capítulo Seis

LÓGICA

LA LÓGICA ES una escala de gradiente de asociación de hechos, de mayor o menor similitud, que se lleva a cabo para resolver algún problema del pasado, presente o futuro, pero principalmente para resolver y predecir el futuro.

La lógica es la combinación de factores para obtener una respuesta. La misión de la mente analítica, cuando piensa, es observar y predecir mediante la observación de resultados. Sin duda, la mejor forma para hacer esto es ser los objetos que uno observa, así uno puede *conocer* por completo su condición. Sin embargo, si la persona no está lo bastante alta en la escala para ser esos objetos, es necesario *suponer* lo que son. Esta suposición de lo que son, el postular un símbolo que represente a los objetos, y la combinación de estos símbolos cuando se evalúan con respecto a la experiencia pasada o a las "leyes conocidas", producen la lógica.

Se podría decir que la génesis de la lógica es un intercambio de dos puntos de vista, a través de otros puntos de dimensión, mediante los cuales uno de los puntos de vista retiene la atención (uno de los bienes más valiosos en el universo) del otro punto de vista, al ser "lógico" con respecto a por qué el otro punto de vista debería continuar mirando. La base de la lógica es "las cosas están mal allá" o "existe una influencia oculta, que tú no puedes estimar, pero que nosotros trataremos de estimar", "por lo tanto, debes continuar mirando hacia mí".

En su mejor forma, la lógica es racionalización. Ya que toda lógica se basa en la circunstancia un tanto idiota de que un ser que es inmortal está tratando de sobrevivir. La supervivencia es una condición susceptible de contra-supervivencia. Si uno está "sobreviviendo", al mismo tiempo está admitiendo que puede dejar de sobrevivir; de lo contrario nunca se esforzaría por sobrevivir. Un ser inmortal que se esfuerza por sobrevivir presenta de inmediato una paradoja. A un ser inmortal se le debe persuadir de que no puede sobrevivir, o de que no está sobreviviendo y podría llegar a no ser nada, antes de que le preste atención alguna a la lógica. Mediante la lógica, puede entonces estimar el futuro. Tal vez la única razón por la que querría estimar el universo MEST, aparte de hacerlo por diversión, sería para mantenerse vivo en él o para mantener algo en estado vivo en él. La lógica y la supervivencia están íntimamente relacionadas. Pero debe recordarse que si uno está preocupado por su propia supervivencia y está esforzándose por su propia supervivencia, está esforzándose por la supervivencia de un ser inmortal. Los cuerpos son transitorios, pero los cuerpos son una ilusión. Uno podría elevarse en la Escala Tonal hasta un punto en que podría crear un cuerpo imperecedero con facilidad.

Es interesante que las personas que son más lógicas son aquellas que durante el procesamiento tienen que *saber* antes de *ser*. Cuando se les envía a alguna parte, quieren saber qué hay ahí antes de llegar. No tendría sentido ir ahí si supieran y si todos supieran qué había ahí antes de ir. Sin embargo tratarán de predecir qué es lo que va a suceder ahí y qué es lo que hay ahí sabiendo. Este knowingness se basa en datos y no debería confundirse con el knowingness que se basa en el verdadero beingness. La lógica es el uso de datos para producir knowingness. Como tal, es muy inferior al hecho de conocer algo siéndolo.

Si hicieras Terminales Dobles de un individuo que habitualmente fuera muy lógico, con su cuerpo frente a su cuerpo en cuanto a mock-ups, y cada uno de los terminales siendo muy lógicos, tendría lugar una sorprendente violencia de intercambio. Esto se debe a que la lógica es principalmente aberración.

La obra que tienes ante ti es un tratado sobre el beingness y es la trayectoria del acuerdo que se convirtió, evidentemente, en el universo MEST. Por lo tanto, esta obra parece ser lógica. Pero también parece ser el hilo central de la lógica. Al parecer se llegó a estas conclusiones mediante la lógica. No fue así. Se llegó a ellas mediante observación e inducción. El hecho de que cuando se examinaron, comprobaron ser válidas en lo que respecta al comportamiento, no demuestra que sean lógicas; sino que son, al menos en su mayor parte, un tratado sobre el beingness. La lógica científica y la lógica matemática tienen el punto débil de tratar de averiguar lo que hay en un lugar antes de ir allá. Uno nunca puede ser si primero tiene que saber un dato sobre el beingness. Por supuesto, si está temeroso de ser, se volverá lógico. Este no es un esfuerzo por ofender a la lógica o a las matemáticas. Sólo es necesario en este punto indicar una cierta diferencia entre lo que se encuentra frente a ti y un arreglo lógico de suposiciones.

∞

Capítulo Siete

AYUDAS

"Emplear esfuerzo para controlar los mock-ups propios no es muy útil. Uno simplemente los crea".

Capítulo Siete

AYUDAS

COMO SE INDICÓ ANTERIORMENTE en *Terminales,* una ayuda puede efectuarse haciendo mock-up de la parte lesionada o del escenario de la lesión como dos terminales y reteniendo o volviendo a crear estos mock-ups hasta que se mitigue la lesión.

Mientras se hace esto, se notará en particular que (en la mayoría de los casos) los mock-ups son incontrolables al principio y que después se pueden controlar con más facilidad. El factor incontrolable de los mock-ups se resuelve con esto: siempre que un par de mock-ups o un único mock-up, se porta mal (es decir, que actúa sin la orden específica de la persona que tiene el mock-up), la persona que hace el mock-up simplemente debe abandonar el par de mock-ups o el mock-up individual y volver a poner otro en su lugar que haga lo que la persona quiere que haga. En otras palabras, a un mock-up o un par de mock-ups desobedientes se les desecha, se les mueve a la derecha o a la izquierda o se les controla a la fuerza. Y en su lugar el individuo simplemente coloca un mock-up que obedezca a su control.

Un auditor debería ser cuidadoso en cuanto a ese punto. Pues un individuo que hace mock-ups se esforzará y se preocupará, y al final descubrirá que le resulta imposible controlar sus mock-ups, o eso cree. Emplear esfuerzo para controlar los mock-ups propios no es muy útil. Uno simplemente los crea. Cuando los mock-ups están ausentes, aparecerá alguno si el individuo simplemente continúa poniendo ahí el pensamiento de que va a aparecer. Si pone ahí el pensamiento con suficiente frecuencia y durante suficiente tiempo, obtendrá un mock-up. Cuando sólo puede obtener uno de un par de mock-ups, si sigue introduciendo el segundo, finalmente aparecerá.

Lo que la persona afronta, al hacer Terminales Dobles, es tanta carga en un solo tema que la carga disipa el mock-up antes de que el mock-up se pueda percibir adecuadamente. Cuando un individuo dice que un mock-up estará ahí, un mock-up aparecerá, no importa cuan brevemente. Que haya desaparecido con rapidez no significa que la persona no pueda poner ahí un segundo mock-up.

Debe prestarse especial atención a esto en las ayudas, porque una ayuda es en esencia un miembro lesionado o un escenario que contiene *dolor*. Al hacer ayudas de Terminales Dobles, se verá que el preclear se pone enfermo o tiene dolor a pesar de lo inocente que pueda sentir que es mantener dos terminales frente a él. El remedio para esto es simplemente mantener las dos terminales, o reemplazarlas si desaparecen o se portan mal, hasta que la enfermedad o la sensación se haya mitigado.

De esta forma se pueden manejar las preocupaciones. Uno simplemente toma una preocupación y luego la duplica, poniéndola cara a cara consigo misma, y el pensamiento se descarga contra el pensamiento, hasta que la preocupación y la emoción conectada con la preocupación desaparecen. El pensamiento, la emoción y el esfuerzo pueden disiparse haciendo Terminales Dobles de esta forma.

Una vez más, se hace notar que esta es una técnica limitada y no debe continuarse de manera interminable como un fin en sí. Treinta o cuarenta horas de hacer Terminales Dobles es mucho más que suficiente. La ruta que señala Scientology 8-8008 es mucho mejor que Hacer Terminales Dobles. Hacer Terminales Dobles se relega al nivel de ayuda y para cambiar el estado de ánimo de la persona. Hacer Terminales Dobles de duda contra duda debilita a los circuitos y llega al fondo de todo circuito. Por lo tanto, esto como técnica no debería descuidarse por completo.

∞

∞

Capítulo Ocho

COMUNICACIÓN

"En la acción,
el beingness,
la comunicación
y el espacio son
sinónimos".

Capítulo Ocho

COMUNICACIÓN

UÁLES SON LOS valores de Afinidad, Comunicación y Realidad en su relación entre sí desde el punto de vista del comportamiento o del auditor?

La afinidad es un *tipo* de energía y se puede producir a voluntad.

La realidad es *acuerdo*. Demasiado acuerdo bajo coacción produce la desaparición de toda la capacidad consciente de una persona.

La comunicación, sin embargo, es *mucho* más importante que la afinidad o la realidad. Ya que es la actividad, la *acción,* mediante la cual se experimenta la emoción y mediante la cual uno se pone de acuerdo. La comunicación no es sólo el *modus operandi, es* el corazón de la vida y *es* miles de veces superior en importancia a la afinidad y a la realidad. Y esto se puede demostrar con facilidad, pues sólo si el auditor se concentra en la comunicación, puede resolver los problemas, predecir el comportamiento y alterar o controlar las mentes.

Por tanto, mantén los ojos bien abiertos con respecto a este valor de la comunicación y no sigas tratando de hacer que un anhelo de amar haga que el amor lo sea todo, o que una esperanza de acuerdo sea ese todo. La respuesta importante *siempre* se encuentra en el *modus operandi* de la comunicación. La comunicación constituye al mismo tiempo la mayor esperanza para resolver cualquier problema de comportamiento y el recurso más frágil en el caso que uno confronta. Si no observas la excepcional magnitud de la comunicación, cuando se evalúa en relación con el acuerdo y la afinidad, fracasarás con los casos. Casi no importa *qué* es lo que se comunica si *se* comunica.

La sola prueba de la aberración es el índice del retardo de comunicación. ¿Cuánto tiempo toma obtener una respuesta del preclear? Él está aberrado en proporción con el tiempo que le lleve. Él *tiene* en la medida en que maneja las partículas. El *manejo* de partículas, de movimiento, *es* comunicación. La realidad es la consideración de partículas. La afinidad es la opinión sobre las partículas y la sensación. La consideración no es beingness. La opinión no es beingness. Sólo la comunicación se clasifica en el mismo rango que el beingness.

La única prueba exacta de si un caso mejora o no es si hay o no un cambio en la comunicación. Al decir cambio en la comunicación también queremos decir cambio de *percepción*. La percepción lo es todo. Y cualquier forma de comunicación se conoce sólo mediante la percepción.

Un thetán puede ser lo que puede ver. Puede ver lo que puede ser. Si no puede verlo como thetán (no como ojos MEST), no puede serlo. Si no puede serlo, no puede verlo.

Un punto de vista pone fuera puntos de anclaje. Ahora tiene espacio. ¿Cómo sabe que tiene los puntos de anclaje fuera? Porque puede verlos. ¿Cómo sabe que hay puntos de anclaje en modo alguno? Sólo porque puede verlos. Entonces, ¿cómo sabe que tiene espacio? Porque puede percibir. ¿Cómo percibe? Sabiendo. ¿Sabiendo un dato? No, teniendo certeza. Knowingness es la condición de tener certeza.

Capítulo Ocho
Comunicación

Uno tiene certeza en la medida en que pueda comunicarse. Puede comunicarse tan bien como puede *ser*.

Más aún, uno es *responsable* en la medida en que pueda *comunicarse*. No es responsable de aquello con lo que no se puede comunicar. Sólo combatirá aquello con lo que no se puede comunicar.

¿Cómo se comunica uno? Un método de comunicación permisible es por medio de MEST. Uno pone su capacidad en las manos, en los ojos, etc., y mediante ondas sonoras, partículas de luz y otras formas, se comunica. Ha "culpado a MEST". En realidad, todas estas partículas son su propia creación *directa* mediante un ritual acordado en el que se cree implícitamente. Su cuerpo, e incluso el Sol, están ahí porque él cree conjuntamente con muchos otros puntos de vista que están ahí. Continuamente hace mock-ups del universo MEST, lo que se puede demostrar comparando muchas veces un terminal del universo MEST con un terminal que es un mock-up, y notando la diferencia en cada ocasión. (Duplicando; véase texto anterior, *Universos*). El circuito que hace mock-ups de MEST automáticamente sale a la vista y queda bajo control.

Haz que un inválido, por cualquier medio, agradable o desagradable, entre en comunicación con su miembro atrofiado, y este sanará. Quizás requiera horas de masaje (y el masaje o la sensación debe ser lo bastante irregular como para continuar dirigiendo su atención) pero funcionará, no por la fe, sino debido a que se le ha ordenado continuamente al inválido que perciba su pierna.

Existen muchos niveles de comunicación. El mejor es la comunicación auto-determinada mediante postulados que no contengan esfuerzo. Pero cualquier comunicación es mejor que ninguna.

La mejor comunicación es cuando el propio thetán crea, envía y recibe de vuelta puntos de dimensión. Lo que percibe en esa forma es verdaderamente real para él, y asume plena responsabilidad por ello. Saca grandes nubes doradas de "destellos" para así percibir.

Simplemente sacando estos destellos, mediante postulados, el caso ocluido puede, después de intentarlo varias veces, desenmascarar el facsímil negro tras el que se esconde. Esta es la mejor comunicación directa del thetán.

En la acción, el beingness, la comunicación y el espacio son sinónimos. El caso que se encuentra en 0.2 no tiene espacio. Haces que se comunique, y tendrá espacio. Tal vez sienta que su cuerpo y sus facsímiles son duros como una roca. Haz que se comunique, que desperdicie puntos de anclaje en GITA Expandido (siguiendo el texto de *SOP 8*) y que sea objetos, y llegará a estar menos aberrado, tendrá menos dolor y será menos sólido.

Si una persona no puede comunicarse, si tiene un largo índice de retardo de comunicación, no tiene mucho beingness, no tiene espacio. La Espaciación *(SOP 8)* lo resuelve, imitar beingness lo resuelve, hacer cualquier tipo de mock-ups habituales lo resuelve (pues estos son puntos de anclaje que crean espacio) y cualquier proceso que mejore la comunicación lo resuelve. Incluso encontrar el tiempo presente lo resuelve.

Por lo tanto, date cuenta del papel que desempeña la comunicación en el juego denominado Existencia.

∞

∞

Parte Dos

Procedimiento Operativo Estándar 8: Thetán Operante

"Un Thetán Operante también debe ser capaz de producir partículas de admiración y fuerza en abundancia".

∞

Capítulo Nueve

Procedimiento Operativo Estándar 8

"La meta de este procedimiento es Thetán Operante, una meta más elevada que la de procedimientos anteriores".

Capítulo Nueve

Procedimiento Operativo Estándar 8

AL USAR este procedimiento operativo, el auditor debería prestar la máxima atención posible al Código del Auditor. Además, debería auditar al preclear en presencia de una tercera persona o de otro auditor.

Un auditor que ha sido entrenado completamente en todos los procesos que involucran la reducción del pasado y sus incidentes, es quien mejor lleva a cabo este procedimiento operativo. El auditor que no está entrenado puede encontrar manifestaciones con las cuales sólo un auditor profesional estaría familiarizado.

Este procedimiento operativo conserva los métodos más funcionales de procedimientos anteriores y enfatiza en sí mismo, la *ganancia positiva* y el presente y el futuro, más que la *ganancia negativa* de la erradicación del pasado.

El thetán, exteriorizado y rehabilitado, puede manejar y remediar, por medio de la aplicación directa de su propia energía sobre el cuerpo y la eliminación de antiguos depósitos de energía, todas las disfunciones corporales o aberraciones mentales que los procesos anteriores atacaron. La meta de este procedimiento no es la rehabilitación del cuerpo sino del thetán. La rehabilitación del cuerpo le sigue de forma incidental.

La meta de este procedimiento es *Thetán Operante,* una meta más elevada que la de procedimientos anteriores.

El auditor prueba al preclear en cada paso, desde el Paso I en adelante, hasta que encuentre un paso que el preclear pueda hacer. El auditor termina entonces este paso y luego el paso inmediato superior, hasta que el thetán se haya exteriorizado. Con el thetán exteriorizado, el auditor termina ahora los siete pasos sin tener en cuenta los pasos que se llevaron a cabo antes de la exteriorización. Puede completar todos estos pasos y todas las partes de estos pasos con rapidez. Pero deben hacerse para obtener un Theta Clear y deben hacerse a conciencia para obtener un Thetán Operante.

Las técnicas que se incluyen aquí se pusieron a prueba en una amplia variedad de casos. Es dudoso que a cualquier proceso anterior de cualquier tipo en cualquier época se le haya sometido a comprobación tan exhaustiva como este procedimiento operativo. Sin embargo, sólo funciona cuando se usa tal y como se indica. Los fragmentos desorganizados de esta información, a los que se den otros nombres y otros énfasis, pueden resultar dañinos. El uso irresponsable y sin preparación de este procedimiento no está autorizado. La exteriorización caprichosa o cuasi-religiosa del thetán, con otros fines que no sean la restauración de su capacidad y su auto-determinismo, es algo a lo que todo ser debería oponer resistencia. *La meta de este proceso es la libertad del individuo para el mejoramiento de la mayoría*.

Paso I

Pídele al preclear que esté un metro detrás de su cabeza. Si está estable ahí, haz que esté en varios lugares agradables hasta que se resuelva toda sensación de escasez de puntos de vista. Luego haz que esté en varios lugares desagradables, luego en varios lugares agradables. Luego haz que esté en un lugar ligeramente peligroso, luego, en lugares cada vez más peligrosos hasta que pueda estar en el centro del Sol. Asegúrate de seguir una escala de gradiente de fealdad y peligrosidad de lugares. No permitas que el preclear fracase. Luego haz los pasos restantes con el preclear exteriorizado.

Paso II

Haz que el preclear haga mock-up de su propio cuerpo. Si lo hace con facilidad y claridad, haz que haga mock-up de su cuerpo hasta que se deslice fuera de él. Cuando esté exteriorizado y lo sepa a conciencia (la condición necesaria de toda exteriorización) haz el Paso I. Si su mock-up no fue claro, ve de inmediato al Paso III.

Paso III: Espaciación

Haz que el preclear cierre los ojos y encuentre los rincones superiores de la sala. Haz que se siente ahí, sin pensar, negándose a pensar en nada, interesado sólo en los rincones, hasta que esté completamente exteriorizado y sin tensión. Entonces haz una Espaciación (construyendo el espacio propio con ocho puntos de anclaje y manteniéndolo estable sin esfuerzo) y ve al Paso I. Si el preclear fue incapaz de localizar los rincones de la sala con facilidad con los ojos cerrados, ve al Paso IV.

Paso IV: G/T/A Expandido

(Esto es una extensión del Procesamiento de Dar y Tomar). Pon a prueba al preclear para determinar si puede hacer un mock-up que pueda ver, sin importar lo vagamente que lo vea. Luego haz que *desperdicie, acepte bajo coacción, desee* y finalmente sea capaz de *tomar o dejar en paz* cada uno de los ítems que aparecen en la lista que se presentan abajo. Lo hace con mock-ups o con ideas. Tiene que llevar a cabo la secuencia de desperdiciar, etc., en el orden que se da aquí para cada ítem. Lo desperdicia por medio de tenerlo a distancias remotas en lugares en donde no servirá de nada, siendo usado o hecho u observado por algo que no lo puede apreciar. Cuando es capaz de desperdiciarlo en cantidades inmensas, el auditor hace entonces que lo acepte en forma de mock-up hasta que ya no sea antagonista a tener que aceptarlo aun cuando sea desagradable y se aplique una fuerza enorme para hacer que lo tome. Luego, de nuevo con mock-ups, debe ser capaz de llevarse a sí mismo a desearlo incluso en su peor forma. Luego, mediante mock-ups de ese ítem en su forma más deseable, debe llegar a ser capaz de dejarlo en paz por completo o de tomarlo en su peor forma sin que le importe. El GITA Expandido remedia la abundancia y la escasez que son contrarias a la supervivencia. Se encontrará que antes de que uno pueda aceptar algo que es muy escaso (para él), tiene que darlo hacia afuera. Una persona con alergia a la leche debe ser capaz de dar, en mock-up, enormes cantidades de leche, desperdiciándola, antes de poder aceptar algo de leche para sí. Los ítems de esta lista se compilaron después de varios años de aislar los factores que eran más importantes que otros para las mentes. A la lista le faltan muy pocos de los ítems muy importantes, de faltarle alguno. No se debería intentar añadir ni sustraer nada de esta lista. Se debe poner mucho y frecuente énfasis y dársele prioridad al *punto de vista, trabajo* y *dolor*. Lo que sigue en importancia son *incidentes, ver, sensación, hablar* y *saber*.

Desperdiciar, Que se te Imponga, Desear, Ser Capaz de Dar o Tomar, en ese orden, cada uno de los siguientes ítems (aquí el orden de los ítems se da al azar):

Punto de Vista, Trabajo, Dolor, Incidentes, Ver, Sensación, Hablar, Saber, Belleza, Movimiento, Engramas, Fealdad, Lógica, Cuadros, Confinamiento, Dinero, Padres, Negrura, Policía, Luz, Explosiones, Cuerpos, Degradación, Cuerpos Masculinos, Cuerpos Femeninos, Bebés, Niños, Niñas, Cuerpos Extraños y Peculiares, Cuerpos Muertos, Afinidad (Amor), Acuerdo, Cuerpos Bellos, Gente, Atención, Admiración, Fuerza, Energía, Relámpago, Inconsciencia, Problemas, Antagonismo, Reverencia, Miedo, Objetos, Tiempo, Comer Cuerpos Humanos, Sonido, Pesar, Bella Tristeza, Influencias Ocultas, Comunicaciones Ocultas, Dudas, Rostros, Puntos de Dimensión, Puntos de Anclaje, Enojo, Apatía, Ideas, Entusiasmo, Desacuerdo, Odio, Sexo, Comerse a los Padres, Comido por los Padres, Comer Hombres, Comido por Hombres, Comer Mujeres, Comido por Mujeres, Comienzos, Comunicaciones Habladas, Comunicaciones Escritas, Inmovilidad, Agotamiento, Mujeres Parando Movimiento, Hombres Parando Movimiento, Mujeres Cambiando Movimiento, Hombres Cambiando Movimiento, Bebés Cambiando Movimiento, Niños Cambiando Movimiento, Hombres Comenzando Movimiento, Mujeres Comenzando Movimiento, Niños Comenzando Movimiento, Objetos Comenzando Movimiento, Uno Mismo Comenzando Movimiento, Augurios, Perversidad, Perdón, Jugar, Juegos, Maquinaria, Tacto, Tráfico, Artículos Robados, Cuadros Robados, Hogares, Blasfemia, Cuevas, Medicina, Vidrio, Espejos, Orgullo, Instrumentos Musicales, Groserías (escritas en papel, en el aire), Espacio, Animales Salvajes, Mascotas, Aves, Aire, Agua, Comida, Leche, Basura, Gases, Excrementos, Cuartos, Camas, Castigo, Aburrimiento, Confusión, Soldados, Verdugos, Doctores, Jueces, Psiquiatras, Licor (Alcohol), Drogas, Masturbación, Recompensas, Calor, Frío, Cosas Prohibidas, Dios, el Diablo, Espíritus, Bacterias, Gloria, Dependencia, Responsabilidad, Incorrección, Corrección, Demencia, Cordura, Fe, Cristo, Muerte, Rango (Posición), Pobreza, Mapas, Irresponsabilidad, Saludos, Despedidas, Crédito, Soledad, Joyas, Dientes, Genitales, Complicaciones, Ayuda, Fingimiento, Verdad, Mentiras, Garantía, Desprecio, Previsibilidad, Imprevisibilidad, Vacíos, Nubes Blancas, Nubes Negras, Inalcanzables, Cosas Escondidas, Preocupación, Venganza, Libros de Texto, Besos, El Pasado, El Futuro, El Presente, Brazos, Estómagos, Entrañas, Bocas, Cigarrillos, Humo, Orina, Vómito, Convulsiones, Saliva, Flores, Semen, Pizarras, Fuegos Artificiales, Juguetes, Vehículos, Muñecas, Audiencias, Puertas, Paredes, Armas, Sangre, Ambiciones, Ilusiones, Traición, Ridículo, Esperanza, Felicidad, Madres, Padres, Abuelos, Soles, Planetas, Lunas, Esperar, Silencio, No Saber, Facsímil Uno, Recordar, Olvidar, Auditación, Mentes, Fama, Poder, Accidentes, Enfermedades, Aprobación, Cansancio, Actuar, Drama, Vestuario, Sueño, Mantener Cosas Separadas, Mantener Cosas Juntas,

Destruir Cosas, Enviar Cosas, Hacer que las Cosas Vayan Rápido, Hacer que Aparezcan las Cosas, Hacer que Desaparezcan las Cosas, Convicciones, Estabilidad, Cambiar a Gente, Hombres Silenciosos, Mujeres Silenciosas, Niños Silenciosos, Símbolos de Debilidad, Símbolos de Fuerza, Discapacidades, Educación, Idiomas, Bestialismo, Homosexualidad, Cuerpos Invisibles, Actos Invisibles, Escenarios Invisibles, Aceptar Cosas de Vuelta, Reglas, Jugadores, Reestimulación, Reestimulación Sexual, Reducción de Espacio, Reducción de Tamaño, Entretenimiento, Alegría, Libertad para que Otros Hablen, Actuar, Sentir Dolor, Estar Triste, Thetanes, Personalidades, Crueldad, Organizaciones, Nada.

PRECAUCIÓN: Si tu preclear se inestabilizara o se alterara al hacer este proceso, llévalo al Paso VI. Luego vuelve a esta lista.

COMENTARIO: La mente es lo suficientemente complicada como para que podamos esperar que tenga computaciones sobre casi todo lo anterior. Por lo tanto, no existe un "botón" único para el clearing, y su búsqueda se efectúa siguiendo el mandato de un circuito, ya que el mecanismo de los circuitos es buscar algo oculto. De modo que tu preclear puede empezar a computar y a filosofar, y a tratar de encontrar el "botón" que liberará todo esto. Todo esto libera todos los botones, así que dile que se relaje y que continúe con el proceso cada vez que empiece a computar.

NOTA: Recorrer lo anterior sacará a la superficie, sin que se le dedique más atención, la "computación del caso" y el facsímil de servicio. No los audites. Recorre GITA Expandido.

Paso V: Diferenciación de Tiempo Presente. Exteriorización por Escenario

Haz que el preclear estudie con los ojos de su cuerpo y vea la diferencia entre objetos reales similares, como las dos patas de una silla, los espacios entre el respaldo, dos cigarrillos, dos árboles, dos chicas. Debe mirar y estudiar los objetos, no es suficiente recordarlos. La definición de Caso V es "sin mock-ups, sólo negrura". Haz que continúe con este proceso hasta que esté alerta. Úsalo con generosidad y con frecuencia.

Luego haz que el preclear se exteriorice haciendo que cierre los ojos y mueva bajo él lugares reales de la Tierra, de preferencia lugares en los que no ha estado. Haz que los suba hacia él, que encuentre dos objetos similares en el escenario y que observe la diferencia entre ellos. Haz que se mueva sobre océanos y ciudades hasta que esté seguro de estar exteriorizado.

Luego, de preferencia mientras está exteriorizado, haz que haga el Paso I.

Este caso tiene que *saber* antes de poder *ser.* Su punto de vista está en el pasado. Dale puntos de vista de tiempo presente hasta que sea un Paso I, por medio de los métodos que se dan para el Paso V.

Comentario: La Diferenciación de Tiempo Presente es una técnica general muy buena y resuelve somáticos crónicos y mejora el tono.

Adopta los puntos de vista de otras personas como ejercicio, no lo que piensan acerca de las cosas, sino la forma en que miran las cosas en el universo material. Trata de estar en donde está una hoja, una brizna de hierba, un faro de coche, etc., y observa el universo.

Paso VI: ARC Línea Directa

ARC Línea Directa usando la penúltima lista del libro *Autoanálisis en Scientology* (que le pide al preclear que recuerde algo que sea verdaderamente real para él, etc.). Luego usa las listas del libro *Autoanálisis*. Este es el nivel neurótico. Se identifica por que el preclear hace mock-ups que no persisten o que no desaparecen. Usa también Diferenciación de Tiempo Presente. Luego ve al Paso IV. Ante cualquier descenso de tono, vuelve a poner al caso en el Paso VI.

Paso VII: Casos Psicóticos

(Ya sea que estén dentro o fuera del cuerpo). El psicótico parece estar en una situación tan desesperada que el auditor a menudo comete el error de pensar que se necesitan medidas desesperadas. Usa los métodos más suaves posibles. Dale al caso espacio y libertad siempre que sea posible. Haz que el psicótico *imite* varias cosas (no que haga mock-up de ellas). Haz que lleve a cabo Diferenciación de Tiempo Presente. Haz que capte la diferencia entre las cosas mediante tacto real. Haz que localice, distinga y toque cosas que sean verdaderamente reales para él (objetos o elementos reales). Si está inaccesible, imita con tu propio cuerpo cualquier cosa que haga, hasta que entre en comunicación. Haz que localice los rincones de la sala y los retenga sin pensar. En cuanto suba su comunicación, ve al Paso VI. Pero asegúrate muy bien de que haga cambios en cualquier mock-up hasta que sepa que es un mock-up, que existe y que él mismo lo hizo. No recorras engramas. Él es psicótico porque los puntos de vista en tiempo presente son tan escasos que se ha ido al pasado en busca de puntos de vista, que al menos sabe que existieron. Por medio de la Diferenciación de Tiempo Presente, por medio de la percepción táctil de objetos, restablecerá su idea de una abundancia de puntos de vista en tiempo presente. Si le han dado electrochoques, no proceses eso ni proceses ningún otro salvajismo. Trabaja con él durante periodos muy cortos, ya que la duración de su atención es breve. *Siempre* que trabajes con psicóticos, hazlo con otro auditor o un acompañante presente.

Nota: Todos los pasos son para todos los casos. En caso de duda en cuanto a la condición del caso, ponlo a prueba con el Paso VI.

Nota: Un Thetán Operante también debe ser capaz de producir partículas de admiración y fuerza en abundancia.

Apéndice para SOP 8 Núm. 1

(Cualquier alteración en SOP 8 se presentará en apéndices, pues se espera que sean leves y que no causen ningún cambio radical en el diseño de los pasos en general).

Paso I

El Thetán Operante debe ser capaz de crear y experimentar, a su entera satisfacción, todas las sensaciones incluyendo el dolor en forma de mock-up y todas las energías como son la admiración y la fuerza. Se encontrará que algunos casos de Paso I no pueden crear partículas de admiración.

Paso II

Ten mucho cuidado de no hacer que un preclear que está en un paso inferior, mientras todavía se encuentra en un cuerpo, haga un mock-up de su propio cuerpo durante demasiado tiempo. Cualquier mock-up aparecerá si tan sólo se pone ahí con suficiente frecuencia y durante suficiente tiempo, siempre y cuando el preclear no se desquicie en el proceso. La producción prolongada de mock-ups del propio cuerpo y de admiración podría no producir del todo los resultados que se esperan; las líneas de comunicación que deberían permanecer cerradas pueden abrirse con malos resultados. Estas líneas que están cerradas le parecen al preclear cables duros y negros.

Existen dos tipos de técnicas en general: *ganancia positiva* y *ganancia negativa* (tal y como se define en el texto anterior). Las positivas se pueden administrar en cantidades ilimitadas sin causar daño. Las técnicas de ganancia negativa, como la reducción de engramas y candados, hacer Terminales Dobles y Negro y Blanco, frecuentemente están limitadas en cuanto a la cantidad de tiempo en que pueden ser suministradas. Después de unos cuantos cientos de horas de auditación del tipo que se hacía en los inicios, podría verse que el caso tiene una caída repentina.

Por lo tanto, tenemos en la ganancia positiva la técnica *ilimitada* que mejora a la mente analítica. En la ganancia negativa tenemos una técnica *limitada* (en lo que se refiere al tiempo que puede auditarse). En SOP 8, los siguientes pasos y procesos pueden auditarse sin límite: Paso I, Paso III, Paso V, Paso VI, Paso VII. Los siguientes pasos son limitados y no deberían auditarse muchas horas sin cambiar a otro tipo (que sea ilimitado) por un tiempo, después de lo cual se pueden reanudar los siguientes pasos: Paso II, Paso IV. Los siguientes pasos se pueden usar en grupos: Paso III, Paso V Parte 1 y Parte 2, Paso VI, Paso VII.

Procedimientos Efectivos

La siguiente es una lista de procedimientos efectivos hasta el 28 de abril de 1953. Si un procedimiento está marcado con una (I), es ilimitado; podría auditarse durante miles de horas y sólo mejoraría el caso. Si está marcado con una (L) es limitado y debe manejarse con criterio y alternarse con una técnica ilimitada. Si está marcado con una (R) se usa rara vez. Si está marcado con una (A) se usa hoy en día en ayudas.

Recorrido de Engramas, Libro Uno (L) (A)
*Pesar y otras secundarias (L) (A)
Scanning de Candados (L) (A)
Curvas Emocionales (L) (R)
Cadenas de Facsímiles de Servicio como Engramas (L) (R)
Procesamiento de Esfuerzo (L) (A)
ARC Línea Directa, *La Ciencia de la Supervivencia* (I) (A)
Exteriorización Negativa (L)
Recorrido de Riscos (L)
*DED–DEDEX (L) (R) (se usa la vida actual para liberaciones rápidas)
Motivador-Acto Hostil (L) (R)
Terminales Correspondientes en Mock-ups (L) (R)
Terminales Dobles en Mock-ups (L) (A)
*Exteriorización Positiva (Paso I SOP 8) (I)
*Mock-up del Cuerpo Propio (Paso II SOP 8) (L)
*Espaciación (Paso III SOP 8 y uso general) (I)
*GITA Expandido (Paso IV SOP 8) (L)
*Diferenciación de Tiempo Presente (Paso V SOP 8) (I)
*Exteriorización por Escenario (Paso V2 SOP 8) (I)
**Autoanálisis en Scientology* (Paso VI SOP 8) (I)
*Imitación de Cosas (Paso VII SOP 8) (I)
*Procesamiento Creativo (como en este libro, *Scientology 8-8008*) (I)

El símbolo (*) antes de uno de los procesos anteriores significa que se recomienda.

Nota Adicional Sobre GITA Expandido: Aquí la regla dominante es que el preclear ansía exactamente lo que tiene y debe desperdiciar lo que no tiene. En la opinión de un thetán, es mejor tener algo, sin importar lo "malo" que sea, que no tener nada. Ansía aquellas cosas que son escasas, pero ni siquiera puede tener las que son más escasas. Para tener lo que no puede tener, primero debe poder desperdiciarlo (en mock-up) en grandes cantidades. Una forma abreviada de este proceso conllevaría desperdiciar y aceptar bajo coacción, una y otra vez, los siguientes ítems uno tras otro:

Prueba primero: *Cuerpos Sanos, Cuerpos Fuertes, Buena Percepción, Buena Memoria, Puntos de Vista, Dolor, Trabajo, Libertad para que Otros Tengan Puntos de Vista.*

El preclear no puede ser libre él mismo hasta que no haya liberado a otros. Esto no funciona en el universo MEST, pero funciona en los mock-ups.

Los circuitos entran en acción en muchos de estos procesos: No permitas que tu preclear piense, no muestres interés en lo que piensa, no seguir esta regla causará que el proceso fracase.

La comparación de objetos MEST con mock-ups resuelve la razón por la cual los thetanes hacen facsímiles y le revela al preclear el mecanismo. Este es un buen proceso y puede hacerse en el Paso IV como parte adicional del IV. Haz que el preclear haga un mock-up igual a un objeto MEST, lo ponga junto al objeto MEST y luego los compare. Los mock-ups mejorarán gradualmente y luego harán key-out del mecanismo que hace facsímiles.

Apéndice para SOP 8 Núm. 2,

Procesamiento de Certeza

La anatomía del "quizás" se compone de incertidumbres y se resuelve mediante el procesamiento de certezas. No se resuelve procesando incertidumbres.

Esta Es Scientology se te recomienda para tu procesamiento y tus presentaciones al público. Contiene la anatomía de la certeza.

Una incertidumbre se mantiene en suspenso sólo porque el preclear se está aferrando con mucha fuerza a las certezas. Lo básico a lo que se aferra es: "Tengo una solución", "No tengo ninguna solución". Una de ellas es positiva, la otra es negativa. Tanto un positivo total como un negativo total son una certeza. La certeza básica es: "Hay algo", "No hay nada". Una persona puede tener la certeza de que hay algo y puede tener la certeza de que no hay nada.

"Hay algo", "No hay nada" resuelve somáticos crónicos en este orden.

Se hace que el preclear haga que el centro de los somáticos diga:

"Aquí hay algo",
"Aquí no hay nada".

Luego hace que el centro del somático diga:

"Allá no hay nada",
"Allá hay algo".

Luego el auditor hace que el preclear diga, dirigiéndose al somático:

"Allá hay algo",
"Allá no hay nada".

Y luego hace que el preclear diga, acerca de sí mismo:

"Aquí hay algo",

"Aquí no hay nada".

Esta es una forma muy rápida de resolver los somáticos crónicos. Por regla general, tres o cuatro minutos de esto resolverán un estado agudo, y quince o veinte minutos resolverán un estado crónico.

Este asunto de las certezas va más allá. Mis más recientes investigaciones han determinado que la razón que hay detrás de lo que sucede es el deseo de una *causa* de producir un *efecto*. Algo es mejor que nada, lo que sea es mejor que nada. Cualquier circuito, cualquier efecto, lo que sea es mejor que nada. Si haces Terminales Correspondientes en los brackets con "No hay nada", verás que muchos de los preclears se ponen muy enfermos. Esto debería invertirse a "Hay algo".

La manera de hacer Terminales Correspondientes es poner al preclear frente al preclear o que su padre se ponga frente a su padre, en otras palabras, dos de cada uno de lo que sea, uno frente al otro. Estas dos cosas se descargarán, una sobre la otra, recorriendo así la dificultad hasta que desaparezca. Al decir "bráckct" nos referimos, por supuesto, a recorrer estas cosas con:

El preclear poniéndolas *como él mismo hacia sí mismo;*

Como si las presentara *alguien más* (el *alguien más frente al alguien más*);

Y de nuevo el terminal correspondiente presentado por *otros frente a otros.*

La clave de todo esto es positivo y negativo en cuanto a certezas. El positivo más el negativo en conflicto constituyen una incertidumbre. Se pueden recorrer gran cantidad de combinaciones de cosas. Aquí se da una lista de las combinaciones.

El botón que está detrás del sexo es:

"Puedo comenzar la vida de nuevo",
"No puedo comenzar la vida de nuevo".

"Puedo hacer que la vida persista",
"No puedo hacer que la vida persista".

"Puedo parar la vida",
"No puedo parar la vida".

"Puedo cambiar la vida",
"No puedo cambiar la vida".

"Puedo comenzar la vida",
"No puedo comenzar la vida".

Un proceso muy efectivo es:

"Algo anda mal ________ ",
"Nada anda mal ________ ", contigo, conmigo, con ellos, con mi mente, con las comunicaciones, con los diferentes aliados.

Una forma muy básica de resolver la falta de espacio de un individuo es localizar a esas personas y esos objetos que has estado usando como puntos de anclaje (como son padre, madre, etc.) y ponerlos en brackets de Terminales Correspondientes con esto:

"Hay padre",
"No hay padre".

"Hay abuelo",
"No hay abuelo".

En la línea compulsiva esto puede cambiarse a:

"No debe haber padre",
"Debe haber un padre".

Se toman todos los aliados de un individuo y se les recorre de esa forma.

La ley básica en que se basa esto es que la persona se vuelve el efecto de todo aquello de lo que haya tenido que depender.

Esto te indicará de inmediato que la Sexta Dinámica, el universo MEST, representa la mayor dependencia del individuo. Esto se puede recorrer por completo, pero por otro lado cualquier dinámica se puede recorrer por completo de esta manera:

"Hay un yo mismo",
"No hay un yo mismo".

Y así sucesivamente, subiendo por las dinámicas.

"(Cualquier dinámica) *está impidiendo que me comunique",*
"(Cualquier dinámica) *no está impidiendo que me comunique",* es sumamente efectivo.

Cualquier técnica de este tipo se puede variar aplicando la Escala por Debajo de Cero.

Uno recorre cualquier certeza por completo porque sabe que para esta certeza existe una certeza negativa opuesta y que entre ellas se encuentra un "quizás" y que el quizás se mantiene en suspenso en el tiempo. La operación básica de la mente reactiva es resolver problemas. Se basa en incertidumbres sobre la observación. Así, uno recorre por completo certezas de observación. La técnica más general de amplio alcance tendría que ver con:

"Hay sexo",
"No hay sexo".

"Hay fuerza",
"No hay fuerza".

Desde luego, esto se podría recorrer en forma de brackets de Terminales Correspondientes o incluso como conceptos. Pero no debe descuidarse el recorrer el fenómeno del acto hostil (es decir, haciendo que otro tenga el concepto).

El procesar certezas por completo abarcaría entonces:

"Tengo una solución",
"No hay solución".

Estos dos extremos opuestos se encargarían de cualquier individuo que estuviera atorado en la línea temporal con alguna solución, pues esa solución tenía su opuesto. La gente que ha estudiado medicina comienza estando segura de que la medicina funciona y acaba estando segura de que la medicina no funciona. Empiezan a estudiar psicología suponiendo que es la solución, y acaban creyendo que no es la solución. Esto también les sucede a los estudiantes superficiales de Dianética y Scientology. Así que también se debe recorrer:

"Dianética es una solución",
"Dianética no es la solución".

Esto sacaría a la persona del quizás en el tema.

En esencia estamos procesando sistemas de comunicaciones. Todo el proceso de la auditación se concentra en retirar comunicaciones del preclear, tal como se afirma sobre la base de que el cuerpo y el preclear no puedan manejar comunicaciones.

Por lo tanto:

"El preclear puede manejar comunicaciones",
"El preclear no puede manejar comunicaciones", es una técnica de amplio alcance que resuelve los quizás sobre sus comunicaciones.

Un aspecto sumamente interesante del Procesamiento de Certeza es que muestra en detalle dónde está aberrado el preclear. Aquí tenemos la técnica básica global. Se recorre:

"Hay ________ ",
"No hay ________ ", lo siguiente: *comunicaciones, conversación, cartas, amor, acuerdo, sexo, dolor, trabajo, cuerpos, mentes, curiosidad, control, imposición, compulsión, inhibición, comida, dinero, gente, habilidad, belleza, fealdad, regalos,* y tanto el extremo superior como

el extremo inferior de la Tabla de Actitudes, en positivo y en negativo en cada uno.

El impulso del preclear por producir un efecto es básico en todo esto, así que se puede recorrer:

"Yo puedo producir un efecto sobre Mamá",

"Yo no puedo producir un efecto sobre Mamá", y así sucesivamente, para todos los aliados, y se resolverán las fijaciones de atención por parte del preclear.

Por lo tanto, el Procesamiento de Certeza resuelve las fijaciones de atención, al procesar por completo la producción de efecto.

En ocasiones, si uno lo desea, puede procesar el centro directo del quizás, (lo que significa, la duda en sí) en cuanto a Terminales Correspondientes. Esto, sin embargo, es arriesgado porque lanza al preclear a un estado general de duda.

La clave para cualquier procesamiento de ese tipo es la recuperación de puntos de vista.

"Puedo tener el punto de vista del abuelo",

"No puedo tener el punto de vista del abuelo", y así sucesivamente, en particular con los compañeros sexuales, demostrará ser sumamente interesante en un caso.

"Hay puntos de vista",

"No hay puntos de vista".

"Tengo un punto de vista",

"No tengo un punto de vista".

"________ tiene un punto de vista",

"________ no tiene un punto de vista", resuelve problemas.

Uno también debería darse cuenta de que cuando está procesando facsímiles, está procesando a la vez energía, sensación y estética.

El facsímil es un cuadro. Al preclear le afectan principalmente los cuadros, y por tanto:

"No hay cuadros",

"Hay cuadros", hace que el caso avance hacia manejar los cuadros (es decir, los facsímiles).

Una persona tiende a aliarse con alguien a quien considera capaz de producir efectos mayores que ella misma, por tanto:

"(Yo, ella, él, eso) puede crear efectos mayores",

"(Yo, ella, él, eso) no puede crear ningún efecto", deben recorrerse.

Cuando uno procesa, está tratando de retirar comunicaciones. Alcanzar y Retirarse son los dos fundamentos en la acción de theta. Debo Alcanzar y No Puedo Alcanzar, Debo Retirarme y No Puedo Retirarme son compulsiones que, cuando se recorren en combinación, producen la manifestación de demencia en un preclear.

"Puedo alcanzar",

"No puedo alcanzar".

"Puedo retirarme",

"No puedo retirarme", revelan el hecho de que recordar y olvidar dependen de la capacidad de alcanzar y retirarse.

Encontrarás que un preclear responderá a:

"Debes ________"

o

"Puedes ________ ",

"No debes ________"

o

"No puedes ________ ".

"Hay ________ ",

"No hay ________ ", olvidando y recordando.

La única razón por la que una persona se aferra a un cuerpo o a un facsímil es porque ha perdido la confianza en su habilidad para crear. La rehabilitación de esta habilidad de crear se resuelve, por ejemplo, en una persona que ha tenido una ambición de escribir, con:

"Puedo escribir",

"No puedo escribir", y así sucesivamente.

La pérdida de esta habilidad creativa hizo que la persona se aferrara a lo que tenía. El hecho de que un preclear haya olvidado cómo generar fuerza o ya no pueda generarla, hace que se aferre a los depósitos de fuerza. Muy a menudo, el auditor los confunde con facsímiles. Al preclear no le importa el facsímil. Sólo le importa la fuerza que está contenida en el facsímil pues sabe que él mismo ya no tiene fuerza.

Debería tenerse en mente que Alcanzar y Retirarse producen muchísima reacción en el preclear. Pero el preclear que no responde a Alcanzar y Retirarse y a la Certeza en ello, está atorado en una condición muy especial: *está tratando de evitar que algo suceda.* También evita que suceda la auditación. Ha perdido aliados, ha tenido accidentes y está atorado en todos los puntos en la línea temporal en que siente que debía haber evitado que algo sucediera. Esto se resuelve recorriendo:

"Debo evitar que suceda",

"No puedo evitar que suceda".

"Debo recuperar el control",

"Debo perder todo el control".

La negrura es el deseo de ser un efecto y la incapacidad de ser causa.

"Puedo crear al abuelo (o al aliado)*",*

"No puedo crear al abuelo (o al aliado)*",* resuelve la escasez de aliados.

"Quiero estar consciente",

"No quiero consciencia", es una técnica básica en cuanto a las actitudes.

Recorre esto como lo demás, en brackets de Terminales Correspondientes o en GITA Expandido.

"Certeza de que hay un pasado",
"Certeza de que no hay un pasado".

"Certeza de que hay un futuro",
"Certeza de que no hay un futuro".

"Certeza de que significa algo distinto",
"Certeza de que no significa nada más".

"Certeza de que hay espacio",
"Certeza de que no hay espacio".

"Certeza de que hay energía",
"Certeza de que no hay energía".

"Certeza de que hay objetos",
"Certeza de que no hay objetos".

∞

Apéndice

Estudio Adicional

Libros y Conferencias por L. Ronald Hubbard

Los materiales de Dianética y Scientology componen el conjunto más grande de información jamás reunido sobre la mente, el espíritu y la vida, rigurosamente perfeccionado y sistematizado por L. Ronald Hubbard durante cinco décadas de búsqueda, investigación y desarrollo. Los resultados de ese trabajo están contenidos en cientos de libros y más de 3,000 conferencias grabadas. En cualquier Iglesia u Organización de Publicaciones de Scientology, se puede conseguir una lista y descripción completas de todas ellas, incluyendo las ediciones traducidas disponibles en tu idioma. (Véase la ***Guía de los Materiales***).

Los libros y las conferencias mencionados a continuación forman los cimientos sobre los que se ha construido el Puente a la Libertad. Aparecen en la secuencia en que Ronald los escribió o los hizo disponibles. En muchos casos, Ronald dio una serie de conferencias inmediatamente después del lanzamiento de un libro nuevo para proporcionar una explicación y comprensión adicionales de estos hitos. Gracias a esfuerzos monumentales de traducción, esas conferencias están ahora disponibles y aparecen aquí junto con el libro que las acompaña.

Mientras que los libros de Ronald contienen los resúmenes de los avances sensacionales y de las conclusiones a medida que aparecían en el curso de la investigación y desarrollo, sus conferencias proporcionan el registro diario de la investigación y explican los pensamientos, conclusiones, pruebas y demostraciones que hay a lo largo de ese camino. En lo que a eso respecta, son el registro completo de todo el curso de la investigación, que proporcionan no sólo los avances sensacionales más importantes en la historia del Hombre, sino también el *porqué* y el *cómo* Ronald llegó a ellos.

Una ventaja importante del estudio cronológico de estos libros y conferencias es la inclusión de las palabras y términos que, cuando se usaron originalmente, se definieron con considerable exactitud por LRH. Más allá de una mera "definición", hay conferencias enteras dedicadas a la descripción completa de cada nuevo término de Dianética y Scientology; que hizo posible el descubrimiento, su aplicación en la auditación así como su aplicación a la vida en sí. Como resultado, uno no deja detrás ningún malentendido, obtiene una comprensión conceptual completa de Dianética y Scientology y capta los temas a un nivel que de otra manera es imposible.

A través de un estudio en secuencia, puedes ver cómo progresaba el tema y reconocer los niveles más altos de desarrollo. La lista de los libros y conferencias que se presenta a continuación muestra dónde encaja *Scientology 8-8008* en la línea de desarrollo. A partir de ahí puedes determinar tu *siguiente* paso o cualesquiera libros o conferencias anteriores que hayas podido pasar por alto. Entonces serás capaz de rellenar los huecos, no sólo adquiriendo conocimiento de cada descubrimiento, sino una mayor comprensión de lo que ya hayas estudiado.

Este es el camino hacia saber cómo saber que abre las puertas a tu futura eternidad. Síguelo.

DIANÉTICA: LA TESIS ORIGINAL • La *primera* descripción de Dianética que hizo Ronald. Originalmente estuvo en circulación en forma de manuscrito, fue copiada rápidamente y se pasó de mano en mano. Al correrse la voz se creó tal demanda de información adicional que Ronald concluyó que la única manera de responder a las preguntas era con un libro. Ese libro fue Dianética: La Ciencia Moderna de la Salud Mental, que ahora es el libro de auto-ayuda más vendido de todos los tiempos. Descubre qué comenzó todo. Pues estos son los cimientos sólidos de los descubrimientos de Dianética: los *Axiomas Originales,* el *Principio Dinámico de la Existencia,* la *Anatomía de la Mente Analítica* y *de la Mente Reactiva,* las *Dinámicas,* la *Escala Tonal,* el *Código del Auditor* y la primera descripción de un *Clear.* Aún más, estas son las leyes primarias que describen *cómo* y *por qué* funciona la auditación. Sólo se encuentra aquí, en Dianética: La Tesis Original.

DIANÉTICA: LA EVOLUCIÓN DE UNA CIENCIA • Esta es la historia de *cómo* Ronald descubrió la mente reactiva y desarrolló los procedimientos para deshacerse de ella. Escrito originalmente para una revista nacional, publicado para que coincidiera con la publicación de Dianética: La Ciencia Moderna de la Salud Mental, inició un movimiento que se extendió como reguero de pólvora, casi de la noche a la mañana, tras la publicación de ese libro. Por tanto, aquí se encuentran, tanto los fundamentos de Dianética como el único informe del viaje de descubrimientos de Ronald a lo largo de dos décadas y de la manera en que aplicó la metodología científica a los problemas de la mente humana. Lo escribió para que lo supieras. Por eso, este libro es de lectura obligada para todo Dianeticista y Scientologist.

DIANÉTICA: LA CIENCIA MODERNA DE LA SALUD MENTAL • El inesperado acontecimiento que inició un movimiento mundial. Pues aunque Ronald había anunciado previamente su descubrimiento de la mente reactiva, eso sólo había avivado el fuego de los que querían más información. Más concretamente: era humanamente imposible que un hombre llevara a Clear a todo un planeta. Ronald proporcionó el manual completo del procedimiento de Dianética, que abarcaba todos sus descubrimientos anteriores y las historias de caso de la aplicación de esos avances sensacionales, para entrenar auditores a usarlos en todas partes. Habiendo sido un best-seller durante más de medio siglo y habiéndose impreso decenas de millones de ejemplares, Dianética: La Ciencia Moderna de la Salud Mental se ha traducido a más de cincuenta idiomas y se usa en más de 100 países de la Tierra; es sin discusión el libro más leído y más influyente sobre la mente humana que se haya escrito jamás. Y por eso siempre se le conocerá como el *Libro Uno.*

CONFERENCIAS Y DEMOSTRACIONES DE DIANÉTICA • Inmediatamente después de la publicación de *Dianética,* LRH comenzó a dar conferencias en auditorios atestados de gente por todo Estados Unidos. Aunque se dirigía a miles de personas al mismo tiempo, la demanda siguió creciendo. Para satisfacer esa demanda, se grabó su presentación en Oakland, California. En estas cuatro conferencias, Ronald relató los acontecimientos que provocaron su investigación, y su viaje personal hacia sus descubrimientos pioneros. Después continuó con una demostración personal de auditación de Dianética: la única demostración de Libro Uno que hay disponible. *4 conferencias.*

CONFERENCIAS DEL CURSO PROFESIONAL DE DIANÉTICA: *UN CURSO ESPECIAL PARA AUDITORES DE LIBRO UNO* • Tras seis meses de viajar de costa a costa, dando conferencias a los primeros dianeticistas, Ronald reunió a los auditores en Los Ángeles para un nuevo Curso Profesional. El tema era su siguiente descubrimiento arrollador acerca de la vida: el *Triángulo ARC,* que describe la interrelación de la *Afinidad,* la *Realidad* y la *Comunicación.* A lo largo de una serie de quince conferencias, LRH anunció muchas primicias, incluyendo el *Espectro de la Lógica,* que contiene una infinidad de gradientes desde lo correcto hasta lo incorrecto; el *ARC y las Dinámicas;* las *Escalas Tonales de ARC;* el *Código del Auditor* y cómo se relaciona con el ARC; y la *Tabla de Accesibilidad,* que clasifica un caso y dice cómo procesarlo. Aquí están, entonces, tanto la declaración final sobre los Procedimientos de Auditación del Libro Uno como el descubrimiento que serviría de base para toda la investigación posterior. Durante más de cincuenta años se pensó que los datos de estas conferencias se habían perdido y que sólo estaban disponibles en notas de estudiantes publicadas en Notas sobre las Conferencias. Ahora se han descubierto las grabaciones originales, lo que ha hecho que estén ampliamente disponibles por vez primera. La vida en su estado más elevado, la *Comprensión,* está compuesta de Afinidad, Realidad y Comunicación. Y como dijo LRH: la mejor descripción del Triángulo de ARC que se puede encontrar está en estas conferencias. *15 conferencias.*

LA CIENCIA DE LA SUPERVIVENCIA: *LA PREDICCIÓN DEL COMPORTAMIENTO HUMANO* • El libro más útil que tendrás jamás. Desarrollado en torno a la *Tabla Hubbard de Evaluación Humana,* La Ciencia de la Supervivencia proporciona la primera predicción exacta del comportamiento humano. Esta tabla incluye todas las manifestaciones del potencial de supervivencia de un individuo, graduadas desde la más alta hasta la más baja, lo que hace que este sea el libro completo sobre la Escala Tonal. Conociendo sólo una o dos características de una persona y usando esta tabla, puedes trazar su posición en la Escala Tonal, y de este modo conocer las demás, y obtener así un índice exacto de *toda* su personalidad, conducta y carácter. Antes de este libro el mundo estaba convencido de que los casos no podían mejorar, sino sólo deteriorarse. La Ciencia de la Supervivencia presenta la idea de diferentes estados de caso y la idea completamente nueva de que uno puede subir por la Escala Tonal. Y ahí se encuentra la base de la actual Tabla de Grados.

CONFERENCIAS DE LA CIENCIA DE LA SUPERVIVENCIA • Como fundamento del desarrollo de la Escala Tonal y la Tabla de Evaluación Humana había un descubrimiento monumental: La *Teoría Theta–MEST,* contiene la explicación de la interrelación entre la Vida *(theta)* con el universo físico de Materia, Energía, Espacio y Tiempo: *MEST.* En estas conferencias, impartidas a los estudiantes inmediatamente después de la publicación del libro, Ronald dio la más amplia descripción de todo lo que hay detrás de la Tabla de Evaluación Humana y su aplicación a la vida en sí. Además, también incluye la explicación de cómo la proporción entre *theta* y *entheta (theta enturbulada)* determina la posición de alguien en la Escala Tonal y los medios para ascender a los estados más altos. *4 conferencias.*

AUTOANÁLISIS • Las barreras de la vida son en realidad simplemente sombras. Aprende a conocerte a ti mismo, no sólo una sombra de ti mismo. Contiene la más completa descripción de la consciencia, Autoanálisis te lleva a través de tu pasado, a través de tus potencialidades, a través de tu vida. En primer lugar, con una serie de auto-exámenes y utilizando una versión especial de la Tabla Hubbard de Evaluación Humana, te sitúas en la Escala Tonal. Después, aplicando una serie de procesos ligeros, aunque poderosos, te embarcas en la gran aventura del auto-descubrimiento. Este libro contiene también principios globales que alcanzan a *cualquier* caso, desde el más bajo hasta el más elevado, incluyendo técnicas de auditación tan eficaces que Ronald se refiere a ellas una y otra vez, durante todos los años siguientes de investigación en los estados más elevados. En resumen, este libro no sólo eleva a la persona en la Escala Tonal, sino que puede sacarla casi de cualquier cosa.

PROCEDIMIENTO AVANZADO Y AXIOMAS • Con los nuevos y sensacionales descubrimientos sobre la naturaleza y anatomía de los engramas: "Los engramas son efectivos sólo cuando el propio individuo determina que lo serán", vino el descubrimiento del uso por un ser de un *Facsímil de Servicio:* mecanismo empleado para explicar los fracasos en la vida, pero que luego encierra a una persona en pautas de comportamiento perjudiciales y fracaso adicional. En consecuencia, llegó un nuevo tipo de procesamiento dirigido al *Pensamiento,* la *Emoción* y el *Esfuerzo,* detallado en los "Quince Actos" del Procedimiento Avanzado, y orientado a la rehabilitación del *Auto-determinismo* del preclear. De aquí que este libro también contenga una explicación global y sin excusas posibles de la *Responsabilidad Total,* la clave para desatarlo todo. Más aún, aquí está la sistematización de las *Definiciones, Lógicas* y *Axiomas,* que proporcionan tanto el compendio de todo el tema como la dirección de toda la investigación futura. *Véase el Manual para Preclears, escrito como manual de auto-procesamiento que acompaña a Procedimiento Avanzado y Axiomas.*

PENSAMIENTO, EMOCIÓN Y ESFUERZO • Con la sistematización de los Axiomas llegaron los medios para abordar puntos clave en un caso que podrían desenredar toda la aberración. *Postulados Básicos, Pensamiento Primario, Causa y Efecto,* y su efecto sobre cualquier cosa desde la *memoria* y la *responsabilidad* hasta el propio papel que juega un individuo en el hecho de conceder poder a los *engramas,* estos temas sólo se abordan en esta serie. También se incluye aquí la descripción más completa que existe del *Facsímil de Servicio,* y por qué su resolución elimina las incapacidades que el individuo se ha auto-impuesto. *21 conferencias.*

Estudio Adicional

Manual para Preclears • Los "Quince Actos" de Procedimiento Avanzado y Axiomas son paralelos a los quince Actos de Auto-procesamiento que se dan en el Manual para Preclears. Además, este libro contiene varios ensayos que dan la descripción más extensa del *Estado Ideal del Hombre.* Descubre por qué las pautas de comportamiento se vuelven tan sólidamente fijas; por qué parece que los hábitos no se pueden romper; cómo las decisiones de hace mucho tiempo tienen más poder sobre una persona que sus decisiones recientes; y por qué una persona mantiene en el presente experiencias negativas del pasado. Todo se explica claramente en la Tabla de Actitudes, un avance histórico sensacional que complementa la Tabla de Evaluación Humana, marcando el estado ideal de ser y las *actitudes* y *reacciones* de uno respecto a la vida. *El Manual para Preclears se usa en auto-procesamiento junto con Autoanálisis.*

La Continuidad de Vida • Acosado por peticiones de conferencias acerca de sus últimos avances, Ronald respondió con todo lo que querían y más en la Segunda Conferencia Anual de Auditores de Dianética, que describe la tecnología que hay detrás de los pasos de auto-procesamiento del *Manual,* aquí está el *cómo* y el *porqué* de todo el descubrimiento del *Continuum de Vida,* el mecanismo por el cual un individuo se ve compelido a continuar la vida de otro individuo que ha muerto o se ha marchado, generando en su propio cuerpo los padecimientos y hábitos del que partió. Combinadas con la instrucción del auditor sobre cómo usar la Tabla de Actitudes para determinar cómo iniciar cada caso en el gradiente correcto, aquí también, se dan instrucciones para la diseminación del Manual y por lo tanto, los medios para empezar el clearing a gran escala. *10 conferencias.*

Scientology: El Primer Hito • Ronald empezó la primera conferencia de esta serie con seis palabras que podrían cambiar el mundo para siempre: "Este es un curso sobre *Scientology*". A partir de aquí, Ronald no sólo describió el enorme alcance del que hasta entonces era un tema completamente nuevo sino que también detalló sus descubrimientos sobre vidas pasadas. De ahí pasó a la descripción del primer E-Metro, y de su uso inicial para poner al descubierto la *línea theta* (la línea temporal completa de la existencia del thetán), como algo completamente distinto de la *línea genética del cuerpo* (línea temporal completa de los cuerpos y su evolución física), haciendo pedazos la mentira de la "vida única" y revelando la *línea temporal completa* de la existencia espiritual. Aquí está entonces el verdadero génesis de Scientology. *22 conferencias.*

La Ruta al Infinito: Conferencias de la Técnica 80 • Como Ronald explicó: "La Técnica 80 es la Técnica del *Ser o No Ser*". Con eso, dio a conocer la base crucial sobre la cual se apoyan la habilidad y la cordura: *la capacidad del ser para tomar una decisión.* Aquí están entonces: la anatomía del "quizás", las *Longitudes de Onda del ARC,* la *Escala Tonal de las Decisiones,* y los medios para rehabilitar la capacidad de un ser para *Ser…* casi *cualquier cosa. 7 conferencias. (Para la Técnica 88, se requiere tener conocimiento sobre la Técnica 80, como se describe en Scientology: Una Historia del Hombre, que viene a continuación).*

SCIENTOLOGY 8-8008
L. RONALD HUBBARD

SCIENTOLOGY: UNA HISTORIA DEL HOMBRE • "Esta es una descripción verdadera y hecha con total frialdad de tus últimos 76 billones de años". Así empieza Una Historia del Hombre, anunciando la revolucionaria *Técnica 88,* que revela por vez primera la verdad acerca de la experiencia de la línea temporal completa y el enfoque exclusivo de la auditación en el thetán. Aquí está la historia desentrañada con el primer E-Metro, que define y describe los principales incidentes en la línea temporal completa que se pueden encontrar en cualquier ser humano: *los implantes electrónicos, las entidades,* la *línea temporal genética, los incidentes de entre-vidas, cómo evolucionaron los cuerpos* y *por qué te quedaste atrapado en ellos;* todos ellos se detallan aquí.

TÉCNICA 88: INCIDENTES DE LA LÍNEA TEMPORAL ANTES DE LA TIERRA • "La Técnica 88 es la técnica más hiperbólica, efervescente, espectacular, inexagerable, ambiciosa, superlativa, grandiosa, colosal y espléndida que la mente del Hombre pudiera imaginablemente abarcar. Es tan grande como la línea temporal completa y todos los incidentes en ella. Es aquello a lo que la aplicas; es lo que ha estado ocurriendo. Contiene los enigmas y secretos, los misterios de todos los tiempos. Podrías resaltar el nombre de esta técnica como hacen con las atracciones de las ferias, pero nada que pudieras decir, ningún adjetivo que pudieras usar, describiría adecuadamente ni siquiera una pequeña fracción de ella. No sólo aporrea la imaginación; te hace avergonzarte de imaginar cualquier cosa", es la introducción que Ronald hace de esta serie de conferencias que nunca antes había estado disponible, y que desarrolla todos los demás temas que aparecen en Una Historia del Hombre. Lo que te espera es la propia línea temporal completa. *15 conferencias.*

SCIENTOLOGY 8-80 • La *primera* explicación de la electrónica del pensamiento humano y del fenómeno de la energía en cualquier ser. Descubre cómo incluso las leyes del movimiento del universo físico tienen su reflejo en un ser, por no mencionar la electrónica de la aberración. Aquí está la unión entre theta y MEST revelando qué *es* la energía, y cómo la *creas.* Fue este avance sensacional lo que puso de manifiesto el tema de los *flujos* del thetán, lo que a su vez se aplica en *cada* proceso de auditación hoy en día. En el título del libro: "8-8" significa *Infinito-Infinito,* y "0" representa al estático, *theta.* Se incluyen las *Longitudes de Onda de la Emoción, la Estética, la Belleza y la Fealdad, el Flujo de Entrada y el de Salida* y la *Escala Tonal por Debajo de Cero,* que es aplicable sólo al thetán.

LA FUENTE DE LA ENERGÍA DE LA VIDA • Comenzando con el anuncio de su nuevo libro, Scientology 8-80, Ronald no sólo dio a conocer sus grandes avances sensacionales sobre theta como Fuente de la Energía de la Vida, sino que detalló los *Métodos de Investigación* que utilizó para hacer ese y todos los demás descubrimientos de Dianética y Scientology: las *Qs* y las *Lógicas;* métodos de *pensar* aplicables a cualquier universo o proceso de pensamiento. De modo que aquí se encuentran ambos: *cómo pensar* y *cómo evaluar todos los datos y el conocimiento,* y por lo tanto, el eje para la comprensión total tanto de Scientology como de la vida en sí. *14 conferencias.*

ESTUDIO ADICIONAL

EL MANDO DE THETA • Mientras estaba preparando su nuevo libro y el Curso del Doctorado que estaba a punto de dar, Ronald reunió a los auditores para un nuevo Curso Profesional. Como dijo: "Por primera vez con esta clase, estamos dando pasos que van más allá de la palabra *Supervivencia*". Desde esa posición de ventaja, el Mando de Theta da la tecnología que tiende un puente al conocimiento desde 8-80 hasta 8-8008, y proporciona la primera explicación completa sobre el tema de la *Causa* y un cambio permanente de orientación en la vida de *MEST* a *Theta. 10 conferencias.*

SCIENTOLOGY 8-8008 • *(Este libro).* La descripción completa del comportamiento y potenciales de un *thetán,* y el libro de texto para las conferencias del Curso del Doctorado de Filadelfia y Los Factores: Admiración y el Renacimiento del Beingness. Como dijo Ronald, el título del libro sirve para fijar en la mente del individuo una ruta por la cual se puede rehabilitar a sí mismo, sus capacidades, su ética y sus metas: el logro del *infinito* (8) mediante la reducción del *infinito* aparente (8) del universo MEST a *cero* (0) y el incremento del *cero* aparente (0) del universo propio hasta el *infinito* (8). Aquí se encuentran condensadas más de 80,000 horas de investigación, con un resumen y una ampliación de cada descubrimiento realizado hasta esa fecha y la trascendencia total que tienen esos avances sensacionales desde la nueva posición de ventaja del *Thetán Operante.*

CONFERENCIAS DEL CURSO DEL DOCTORADO DE FILADELFIA • Esta renombrada serie se yergue como el conjunto más grande de trabajo sobre la anatomía, el comportamiento y las potencialidades del espíritu del Hombre que jamás se haya reunido, proporcionando los fundamentos en que se basa la ruta hacia Thetán Operante. Aquí se encuentran con todo detalle la relación del thetán con la *creación,* el *mantenimiento* y la *destrucción de universos.* Tan sólo en lo que a eso se refiere, aquí está la *anatomía* de la materia, la energía, el espacio y el tiempo, y de cómo *postular* universos haciendo que existan. Aquí está también la caída del thetán desde las capacidades de la línea temporal completa, y las *leyes universales* por las cuales se restauran. En resumen, aquí está la sistematización de Ronald de los niveles más altos del beingness y el comportamiento de theta. En una conferencia tras otra desarrolla completamente cada concepto del libro de texto del curso: Scientology 8-8008, proporcionando el alcance total que *tú* tienes en el estado nativo. *76 conferencias y se adjuntan las reproducciones de los 54 diagramas originales de las conferencias hechos a mano por LRH.*

LOS FACTORES: ADMIRACIÓN Y EL RENACIMIENTO DEL BEINGNESS • Tras establecer completamente las *potencialidades* de un thetán, vino una mirada hacia afuera que tuvo como resultado el monumental descubrimiento de Ronald de un *solvente universal* y las leyes básicas del *universo* theta, leyes que, siendo bastante literales, son superiores a cualquier cosa: *Los Factores: Resumen de las Consideraciones del Espíritu Humano y el Universo Material.* Tan espectaculares fueron estos avances, que Ronald expandió el libro Scientology 8-8008, clarificando descubrimientos previos y añadiendo capítulo tras capítulo que, estudiado con estas conferencias, proporciona un nivel de postgraduado al Curso del Doctorado. Aquí están, pues, las conferencias que contienen el conocimiento de la *verdad universal,* desentrañando el enigma de la creación en sí. *18 conferencias.*

SCIENTOLOGY 8-8008
L. RONALD HUBBARD

LA CREACIÓN DE LA HABILIDAD HUMANA: *UN MANUAL PARA SCIENTOLOGISTS* • Inmediatamente después del descubrimiento del Thetán Operante vino un año de investigación intensiva, para explorar el ámbito de un *thetán exterior.* A base de auditación e instrucción, además de 450 conferencias en este mismo lapso de doce meses, Ronald sistematizó todo el tema de Scientology. Y todo está incluido en este manual, desde un *Resumen de Scientology* hasta los fundamentales *Axiomas* y *Códigos.* Además, aquí está el *Procedimiento Intensivo* que contiene los afamados Procesos de Exteriorización de la *Ruta 1* y la *Ruta 2,* procesos diseñados directamente a partir de los Axiomas. Cada uno está descrito en detalle: *cómo* se utiliza el proceso, *por qué* funciona, la tecnología axiomática que subyace a su uso, y la explicación completa de cómo un ser puede romper los *acuerdos falsos* y las *barreras autocreadas* que lo esclavizan al universo físico. En resumen, este libro contiene el sumario definitivo de la habilidad OT de un thetán exterior y su consecución de forma permanente.

LAS CONFERENCIAS DE PHOENIX: LA LIBERACIÓN DEL ESPÍRITU HUMANO • Aquí se encuentra la visión panorámica completa de Scientology. Habiendo sistematizado el tema de Scientology en La Creación de la Habilidad Humana, Ronald impartió entonces una serie de conferencias de media hora para acompañar específicamente a un estudio completo del libro. Desde los puntos *esenciales* que subyacen a la tecnología: *Los Axiomas, las Condiciones de la Existencia* y las *Consideraciones y los Factores Mecánicos,* hasta los procesos del *Procedimiento Intensivo,* incluyendo doce conferencias que describen uno a uno los procesos del thetán exterior de la *Ruta 1,* todo está tratado por completo, suministrando una comprensión conceptual de *la ciencia del conocimiento y la habilidad OT del estado nativo.* Por tanto, aquí están los principios que forman los fundamentos sólidos sobre los que descansa todo lo demás en Scientology, incluyendo la integradora exposición de la religión y su patrimonio: *Scientology, Sus Antecedentes Generales.* Por tanto, esta es la serie de conferencias decisivas sobre la propia Scientology, y los fundamentos axiomáticos para toda búsqueda futura. *42 conferencias.*

¡DIANÉTICA 55!: *EL MANUAL COMPLETO DE LA COMUNICACIÓN HUMANA* • Junto con todos los sensacionales descubrimientos logrados hasta la fecha, se había aislado un factor único que era igual de crucial para el éxito en todo tipo de auditación. Como dijo LRH: "La comunicación es tan absolutamente importante hoy en día en Dianética y Scientology, (como lo ha sido siempre en la línea temporal completa), que se podría decir que si pusieras a un preclear en comunicación, lo pondrías bien". Y este libro traza la anatomía y fórmulas *exactas,* pero anteriormente desconocidas, de la comunicación *perfecta.* La magia del ciclo de comunicación es *el* fundamento de la auditación y la razón primordial de que la auditación funcione. Los sensacionales avances que hay aquí abrieron nuevas perspectivas a la aplicación; descubrimientos de tal magnitud que LRH llamó a ¡Dianética 55! el *Libro Segundo* de Dianética.

EL CONGRESO DE UNIFICACIÓN: ¡COMUNICACIÓN! LIBERTAD Y CAPACIDAD • El histórico Congreso que anunció la reunificación de los temas de Dianética y Scientology con la presentación de *¡Dianética 55!* Hasta ahora, cada una había actuado en su propia esfera: Dianética se dirigía al Hombre *como Hombre,* las primeras cuatro dinámicas, mientras que Scientology se dirigía a la *vida en sí,* las Dinámicas de la Cinco a la Ocho. La fórmula que serviría como fundamento para todo el desarrollo futuro estaba contenida en una simple palabra: *Comunicación.* Fue un avance capital, al que Ronald llamaría más adelante, "el gran avance sensacional de Dianética y Scientology". Aquí están las conferencias de cuando ocurrió. *16 conferencias y las reproducciones adjuntas de los diagramas originales de las conferencias hechos a mano por LRH.*

SCIENTOLOGY: LOS FUNDAMENTOS DEL PENSAMIENTO — *EL LIBRO BÁSICO DE LA TEORÍA Y PRÁCTICA DE SCIENTOLOGY PARA PRINCIPIANTES* • Designado por Ronald como el *Libro Uno de Scientology.* Tras haber unificado y sistematizado completamente los temas de Dianética y Scientology, llegó el perfeccionamiento de sus *fundamentos.* Publicado originalmente como un resumen de Scientology para su uso en traducciones a lenguas distintas al inglés, este libro es de valor incalculable tanto para el estudiante novicio de la mente, el espíritu y la vida, como para el avanzado. Equipado únicamente con este libro, uno puede comenzar una consulta y producir aparentes milagros y cambios en los estados de bienestar, capacidad e inteligencia de la gente. Contiene las *Condiciones de la Existencia, las Ocho Dinámicas, el Triángulo de ARC, Las Partes del Hombre,* el análisis completo de la *Vida como un Juego,* y más, incluyendo procesos exactos para la aplicación de estos principios en el procesamiento. De modo que aquí, en un libro, está el punto de partida para llevar Scientology a la gente en todas partes.

LAS CONFERENCIAS DEL CURSO PROFESIONAL HUBBARD • Si bien Los Fundamentos del Pensamiento es una introducción al tema para principiantes, también contiene una síntesis de los fundamentos para cada scientologist. Aquí están las descripciones profundas de esos fundamentos, cada conferencia es de media hora de duración y proporciona, uno por uno, un dominio completo de cada avance sensacional de Scientology: *Los Axiomas del 1 al 10; La Anatomía del Control; el Manejo de Problemas; Comenzar, Cambiar y Parar; la Confusión y el Dato Estable; Exteriorización; Valencias* y más: el *porqué* detrás de ellos, *cómo* es que ocurrieron y sus factores mecánicos. Y todo está unido por el *Código del Scientologist,* punto por punto, y su uso para crear realmente una nueva civilización. En pocas palabras, aquí están las conferencias de LRH que producen un *Scientologist Profesional,* alguien que puede aplicar el tema a todos los aspectos de la vida. *21 conferencias.*

LIBROS ADICIONALES QUE CONTIENEN LOS ELEMENTOS ESENCIALES DE SCIENTOLOGY

TRABAJO

LOS PROBLEMAS DEL TRABAJO: *SCIENTOLOGY APLICADA AL MUNDO DEL TRABAJO COTIDIANO* • Habiendo sistematizado todo el tema de Scientology, Ronald comenzó de inmediato a proporcionar el manual del *principiante* para que cualquiera lo aplicara. Como él lo describió: la vida está compuesta de siete décimas partes de trabajo, una décima parte de familia, una décima parte de política y una décima parte de descanso. Aquí está la aplicación de Scientology a esas siete décimas partes de la existencia incluyendo las respuestas al *Agotamiento* y el *Secreto de la Eficiencia.* Aquí está también el análisis de la vida en sí: un juego compuesto de reglas exactas. Si las conoces prosperas. Los Problemas del Trabajo contiene la tecnología sin la que nadie puede vivir, y que la pueden aplicar inmediatamente tanto Scientologists, como los neófitos en el tema.

LOS FUNDAMENTOS DE LA VIDA

SCIENTOLOGY: UN NUEVO PUNTO DE VISTA SOBRE LA VIDA • Los elementos esenciales de Scientology para cada aspecto de la vida. Las respuestas básicas que te ponen en control de tu existencia, verdades para consultar una y otra vez: *¿Es Posible Ser Feliz?, Dos Reglas para una Vida Feliz, Integridad Personal, La Personalidad Anti-Social* y muchas más. En cada parte de este libro encontrarás verdades de Scientology que describen las condiciones de tu vida y proporcionan modos *exactos* para cambiarlas. Scientology: Un Nuevo Punto de Vista Sobre la Vida contiene un conocimiento que es fundamental para cada scientologist y una introducción perfecta para cualquier neófito en el tema.

AXIOMAS, CÓDIGOS Y ESCALAS

SCIENTOLOGY 0-8: EL LIBRO DE LOS FUNDAMENTOS • El compañero de *todos* los libros, conferencias y materiales de Ronald. Este es *el* Libro de los Fundamentos, que incluye datos indispensables que consultarás constantemente: los *Axiomas de Dianética y Scientology; Los Factores;* una recopilación completa de todas las *Escalas,* más de 100 en total; listas de los *Percépticos* y *Niveles de Consciencia;* todos los *Códigos* y *Credos* y mucho más. En este único libro se condensan las leyes superiores de la existencia, extraídas de más de 15,000 páginas de escritos, 3,000 conferencias y docenas de libros.

LA ÉTICA DE SCIENTOLOGY: LA TECNOLOGÍA DE LA SUPERVIVENCIA ÓPTIMA

INTRODUCCIÓN A LA ÉTICA DE SCIENTOLOGY • Una nueva esperanza para el Hombre llega con la primera tecnología funcional de la ética, una tecnología para ayudar a un individuo a levantarse de su caída por la vida y llegar a una meseta superior de supervivencia. Este es el manual global que proporciona los fundamentos cruciales: *Los Fundamentos de la Ética y la Justicia; la Honestidad; las Condiciones de la Existencia, las Fórmulas de las Condiciones* desde Confusión hasta Poder, los *Fundamentos de la Supresión* y su manejo; así como los *Procedimientos de Justicia* y su uso en las Iglesias de Scientology. Aquí está la tecnología para superar cualesquiera barreras en la vida y en el viaje personal de subir por el Puente a la Libertad Total.

PURIFICACIÓN

CUERPO LIMPIO, MENTE CLARA: *EL PROGRAMA DE PURIFICACIÓN EFICAZ* • Vivimos en un mundo bioquímico, y este libro es la solución. Mientras investigaba los efectos dañinos que el consumo anterior de drogas tenía en los casos de los preclears, Ronald hizo el importante descubrimiento de que muchas drogas de la calle, en particular el LSD, permanecían en el cuerpo de una persona mucho tiempo después de haberse tomado. Observó que los residuos de las drogas podían tener efectos graves y duraderos, incluyendo el desencadenar "viajes" adicionales. La investigación adicional reveló que una gran gama de sustancias (drogas médicas, alcohol, contaminantes, productos químicos domésticos e incluso los conservantes de la comida) se podían alojar también en los tejidos del cuerpo. Por medio de la investigación de miles de casos, desarrolló el *Programa de Purificación,* para eliminar sus destructivos efectos. Cuerpo Limpio, Mente Clara detalla cada aspecto del régimen, totalmente natural, que puede liberarle a uno de los efectos dañinos de las drogas y otras toxinas, abriendo el camino al progreso espiritual.

MANUALES DE CONSULTA

¿QUÉ ES SCIENTOLOGY?

La obra de consulta enciclopédica esencial y completa sobre el tema y la práctica de Scientology. Este libro se diseñó para ser usado y contiene los datos pertinentes sobre cada aspecto del tema:

- La vida de L. Ronald Hubbard y su senda de descubrimientos
- El Patrimonio Espiritual de la religión

- Una descripción completa de Dianética y Scientology
- La auditación: qué es y cómo funciona
- Los cursos: qué contienen y cómo están estructurados
- La Tabla de Grados de Servicios y cómo uno asciende a estados superiores
- El Sistema de Ética y de Justicia de Scientology
- La Estructura Organizativa de la Iglesia
- Una descripción completa de los muchos programas de Mejoramiento Social que la Iglesia apoya, incluyendo: Rehabilitación de Drogadictos, Reforma de Criminales, Alfabetización y Educación y la tarea de inculcar verdaderos valores de moralidad

Más de 1,000 páginas con más de 500 fotografías e ilustraciones, este texto además incluye los Credos, los Códigos, una lista completa de todos los libros y materiales así como un Catecismo con respuestas a prácticamente cualquier pregunta relacionada con el tema.

Tú Preguntas y Este Libro Responde.

EL MANUAL DE SCIENTOLOGY

Los fundamentos de Scientology para uso cotidiano en cada aspecto de la vida que representan 19 cuerpos de doctrina tecnológica independientes. Es el manual más exhaustivo sobre los fundamentos de la vida jamás publicado. Cada capítulo contiene principios y tecnologías clave que puedes usar continuamente:

- La Tecnología de Estudio
- Las Dinámicas de la Existencia
- Los Componentes de la Comprensión: Afinidad, Realidad y Comunicación
- La Escala Tonal
- La Comunicación y sus Fórmulas
- Ayudas para Enfermedades y Lesiones
- Cómo Resolver los Conflictos
- La Integridad y la Honestidad
- La Ética y las Fórmulas de las Condiciones
- Soluciones para la Supresión y para un Entorno Peligroso
- El Matrimonio
- Los Niños
- Herramientas para el Trabajo

Más de 700 fotografías e ilustraciones te permiten aprender fácilmente los procedimientos y aplicarlos de inmediato. Este libro es realmente el manual indispensable para todo scientologist.

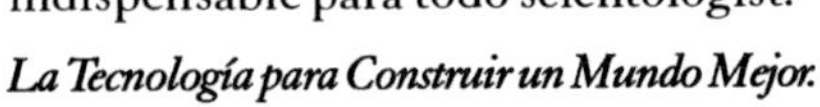

ACERCA DE L. RONALD HUBBARD

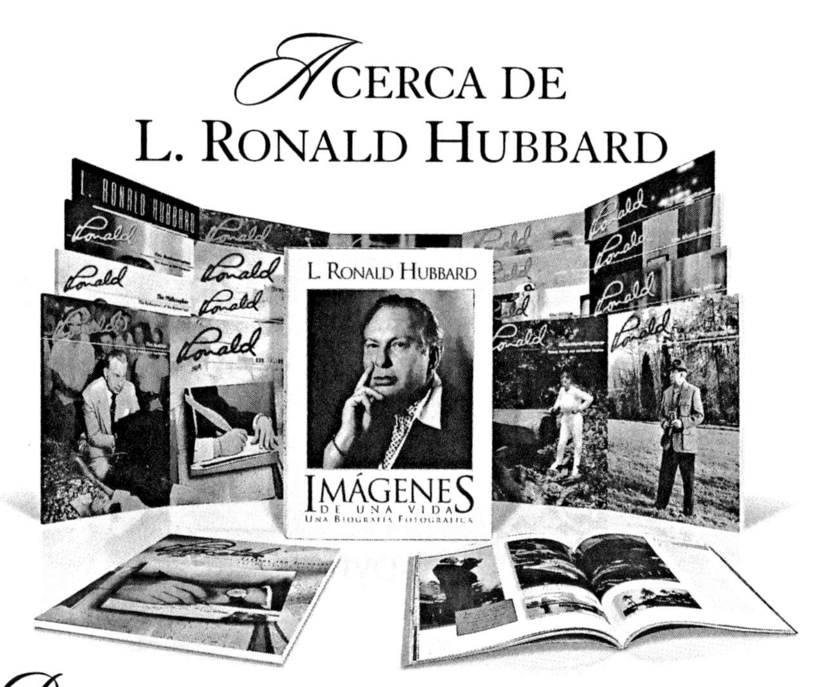

"Para realmente conocer la vida", escribió L. Ronald Hubbard, "tienes que ser parte de la vida. Tienes que bajar y mirar, tienes que meterte en los rincones y grietas de la existencia. Tienes que mezclarte con toda clase y tipo de hombres antes de que puedas establecer finalmente lo que es el hombre".

A través de su largo y extraordinario viaje hasta la fundación de Dianética y Scientology, Ronald hizo precisamente eso. Desde su aventurera juventud en un turbulento Oeste Americano hasta su lejana travesía en la aún misteriosa Asia; desde sus dos décadas de búsqueda de la esencia misma de la vida hasta el triunfo de Dianética y Scientology, esas son las historias que se narran en las Publicaciones Biográficas de L. Ronald Hubbard.

L. Ronald Hubbard: Imágenes de una Vida presenta la perspectiva fotográfica general sobre el gran viaje de Ronald. Tomada de la colección de sus propios archivos, esta es la vida de Ronald como él mismo la vio.

En lo que se refiere a los muchos aspectos de esa rica y variada vida, están las Series de Ronald. Cada publicación se centra en una profesión específica de LRH: *Auditor, Filántropo, Filósofo, Artista, Poeta, Compositor, Fotógrafo* y muchas más, incluyendo sus artículos publicados en *Freedom* y sus *Letters y Journals* personales. Aquí está la vida de un hombre que vivió por lo menos veinte vidas en el espacio de una.

PARA MÁS INFORMACIÓN VISITA:
www.lronhubbard.org

Guía de los Materiales

¡Estás en una Aventura! Aquí está el Mapa.

- Todos los libros
- Todas las conferencias
- Todos los libros de consulta

Todo ello puesto en secuencia cronológica con descripciones de lo que cada uno contiene.

Guía de los Materiales

Tu viaje a una comprensión completa de Dianética y Scientology es la aventura más grande de todas. Pero necesitas un mapa que te muestre dónde estás y adónde vas.

Ese mapa es la Guía de los Materiales. Muestra todos los libros y conferencias de Ronald con una descripción completa de su contenido y temas, de tal manera que puedas encontrar exactamente lo que *tú* estás buscando y lo que *tú* necesitas exactamente.

Como cada libro y conferencia aparece en secuencia cronológica, puedes ver *cómo* se desarrollaron los temas de Dianética y Scientology. ¡Y lo que eso significa es que simplemente estudiando esta guía te esperan una cognición tras otra!

Las nuevas ediciones de cada libro incluyen extensos glosarios con definiciones de todos los términos técnicos. Como resultado de un programa monumental de traducciones, cientos de conferencias de LRH se están poniendo a tu alcance en disco compacto con transcripciones, glosarios, diagramas de conferencias, gráficas y publicaciones a los que se refiere en las conferencias. Como resultado, obtienes *todos* los datos y puedes aprenderlos con facilidad, consiguiendo una comprensión *conceptual* completa.

Y lo que eso supone es una nueva Edad de Oro del Conocimiento que todo dianeticista y scientologist ha soñado.

Para conseguir tu Guía de los Materiales y Catálogo GRATIS, o para pedir los libros y conferencias de L. Ronald Hubbard, ponte en contacto con:

HEMISFERIO OCCIDENTAL:
Bridge Publications, Inc.
4751 Fountain Avenue
Los Angeles, CA 90029 USA
www.bridgepub.com
Teléfono: 1-800-722-1733
Fax: 1-323-953-3328

HEMISFERIO ORIENTAL:
New Era Publications International ApS
Store Kongensgade 53
1264 Copenhagen K, Denmark
www.newerapublications.com
Teléfono: (45) 33 73 66 66
Fax: (45) 33 73 66 33

Libros y conferencias también disponibles en las Iglesias de Scientology.
Véase ***Direcciones.***

DIRECCIONES

Scientology es la religión de más rápido crecimiento en el mundo hoy en día. Existen iglesias y misiones en ciudades de todo el mundo y se están formando nuevas continuamente.

Para obtener más información o localizar la iglesia más cercana a ti, visita la página web de Scientology:

www.scientology.org

e-mail: info@scientology.org

También puedes escribir a cualquiera de las organizaciones continentales, que aparecen en la siguiente página, que te dirigirán directamente a una de las miles de iglesias y misiones que hay por todo el mundo.

Puedes conseguir los libros y conferencias de L. Ronald Hubbard desde cualquiera de estas direcciones o directamente desde las editoriales que aparecen en la página anterior.

ORGANIZACIONES CONTINENTALES DE LA IGLESIA:

LATINOAMÉRICA

IGLESIA DE SCIENTOLOGY
OFICINA DE ENLACE CONTINENTAL
DE LATINOAMÉRICA
Federación Mexicana de Dianética
Calle Puebla #31
Colonia Roma, México, D.F.
C.P. 06700, México
info@scientology.org.mx

ESTADOS UNIDOS

CHURCH OF SCIENTOLOGY
CONTINENTAL LIAISON OFFICE
WESTERN UNITED STATES
1308 L. Ron Hubbard Way
Los Angeles, California 90027 USA
info@wus.scientology.org

CHURCH OF SCIENTOLOGY
CONTINENTAL LIAISON OFFICE
EASTERN UNITED STATES
349 W. 48th Street
New York, New York 10036 USA
info@eus.scientology.org

CANADÁ

CHURCH OF SCIENTOLOGY
CONTINENTAL LIAISON OFFICE
CANADA
696 Yonge Street, 2nd Floor
Toronto, Ontario
Canada M4Y 2A7
info@scientology.ca

REINO UNIDO

CHURCH OF SCIENTOLOGY
CONTINENTAL LIAISON OFFICE
UNITED KINGDOM
Saint Hill Manor
East Grinstead, West Sussex
England, RH19 4JY
info@scientology.org.uk

ÁFRICA

CHURCH OF SCIENTOLOGY
CONTINENTAL LIAISON OFFICE AFRICA
6th Floor, Budget House
130 Main Street
Johannesburg 2001, South Africa
info@scientology.org.za

EUROPA

Church of Scientology
Continental Liaison Office Europe
Store Kongensgade 55
1264 Copenhagen K, Denmark
info@scientology.org.dk

Church of Scientology
Liaison Office of Commonwealth of Independent States
Management Center of Dianetics and Scientology Dissemination
Pervomajskaya Street, House 1A
Korpus Grazhdanskoy Oboroni
Losino-Petrovsky Town
141150, Moscow, Russia
info@scientology.ru

Church of Scientology
Liaison Office of Central Europe
1082 Leonardo da Vinci u. 8-14
Budapest, Hungary
info@scientology.hu

Iglesia de Scientology
Oficina de Enlace de Iberia
C/ Miguel Menéndez Boneta, 18
28460; Los Molinos
Madrid, España
info@spain.scientology.org

Church of Scientology
Liaison Office of Italy
Via Cadorna, 61
20090 Vimodrone
Milano, Italy
info@scientology.it

AUSTRALIA, NUEVA ZELANDA Y OCEANÍA

Church of Scientology
Continental Liaison Office ANZO
16 Dorahy Street
Dundas, New South Wales 2117
Australia
info@scientology.org.au

Church of Scientology
Liaison Office of Taiwan
1st, No. 231, Cisian 2nd Road
Kaoshiung City
Taiwan, ROC
info@scientology.org.tw

Afíliate a la Asociación Internacional de Scientologists

La Asociación Internacional de Scientologists es la organización de afiliación de todos las scientologists unidos en la cruzada de más importancia sobre la Tierra.

Se otorga una Afiliación Introductoria Gratuita de Seis Meses a cualquiera que no haya tenido ninguna afiliación anterior de la Asociación.

Como miembro tienes derecho a descuentos en los materiales de Scientology que se ofrecen sólo a Miembros de la IAS. Además recibirás la revista de la Asociación llamada *IMPACT,* que se emite seis veces al año, llena de noticias de Scientology alrededor del mundo.

El propósito de la IAS es:

"Unir, hacer avanzar, apoyar y proteger a Scientology y a los scientologists de todas las partes del mundo para lograr las Metas de Scientology tal y como las originó L. Ronald Hubbard".

Únete a la mayor fuerza que se dirige a un cambio positivo en el planeta hoy día y contribuye a que la vida de millones de personas tengan acceso a la gran verdad contenida en Scientology.

Únete a la Asociación Internacional de Scientologists.

Para solicitar la afiliación escribe a la Asociación Internacional de Scientologists c/o Saint Hill Manor, East Grinstead West Sussex, England, RH19 4JY

www.iasmembership.org

Glosario Editorial
de Palabras, Términos y Frases

Las palabras a menudo tienen varios significados. Las definiciones que se usan aquí sólo dan el significado que tiene la palabra como se usa en este libro. Los términos de Dianética y Scientology aparecen en negrita. Al lado de cada definición encontrarás la página en que la palabra aparece por primera vez para que puedas referirte al texto si lo deseas.

Este glosario no pretende sustituir a los diccionarios normales del idioma ni a los diccionarios de Dianética y Scientology, los cuales se deberían consultar para buscar cualesquiera palabras, términos o frases que no aparezcan en el glosario.

Los términos técnicos de LRH definidos para el Procedimiento Operativo Estándar se dan en la sección de definiciones de Procedimiento Operativo Estándar, Publicación 3, en el Libro Uno, Parte Tres de este libro.

–Los Editores

abreviar: expresar o representar algo de manera corta y simple. Pág. 84.

abstracción: idea de algo que no tiene existencia independiente; algo que existe sólo como idea. Pág. 14.

AC: *véase* **corriente alterna.**

acotación: apunte o escritura de notas en el margen de un texto, especialmente para explicarlo o aclararlo. Pág. 129.

actitud: orientación o posición que se asume. Pág. 73.

acumular: incrementar añadiendo; incrementar gradualmente en tamaño y cantidad. Pág. 265.

adhesión, cohesión y: en física, *adhesión* es la fuerza que mantiene juntas las moléculas de sustancias distintas. La *cohesión* es la fuerza que hace que las partículas o las moléculas de cualquier tipo de sustancia se adhieran. Por ejemplo, cuando una lámina de vidrio se sumerge en agua y se saca de ella, algo de agua se adherirá a ella (adhesión) pero el resto será atraído una vez más al cuerpo principal de agua (cohesión). Pág. 39.

admiración: atención de aprobación que se da a algo. La admiración se trata por completo en la serie de conferencias *Los Factores.* Pág. 239.

adulación: admiración o devoción excesiva; alabanza exagerada. Pág. 132.

adverso: contrario, desfavorable u opuesto a lo que se desea o se pretende. Pág. 252.

alegato: argumento, discurso o razonamiento a favor o en contra de algo. Pág. 107.

altiplano: punto o nivel que se alcanza después de un periodo de desarrollo o progreso. Se usa en sentido figurado. Pág. i.

anatomía: 1. Examen o análisis detallado de algo. Pág. 16. 2. Estructura o disposición de las partes de algo. Pág. 67.

anestesia: pérdida o pérdida parcial del sentir o de la sensación. Pág. 97.

ángeles tienen dos rostros, los: referencia a una antigua creencia en ciertas religiones de que los ángeles u otros seres divinos (tales como los dioses) tienen un aspecto doble y son capaces tanto del bien como del mal, de construcción y destrucción, etc. De aquí que comúnmente se les represente en la mitología con una cara negra y una blanca. Pág. 127.

apartarse: alejarse de (algo) para dejar de estar bajo su influencia. Pág. 19.

aptitud: capacidad para hacer algo con facilidad o con pericia. Pág. 168.

arbitrario: 1. Factor o fuerza que no proviene de las leyes naturales. Pág. 29.
2. Algo que se basa en el juicio o selección útil más que en la naturaleza fija de algo. Pág. 37.

armónico: se usa para describir una frecuencia (número de vibraciones por segundo) que es múltiplo de una frecuencia "fundamental". Si uno tensa una cuerda o una liga, y la pulsa, se produce un tono o una nota. Se puede medir cuántas veces por segundo vibra esa cuerda. Otra cuerda, que está vibrando a ciertos múltiplos diferentes de esa vibración tendrá un sonido agradable. Esto se calcula con matemáticas como 1, 1/2, 1/3, 1/4, etc. Esto puede verse en las cuerdas de un piano, cada una de longitud diferente que vibra a diferentes velocidades por segundo. Al pulsar dos o más al mismo tiempo, se pueden escuchar notas que son armónicas (agradables), cuando se tocan juntas, o que no son armónicas (ásperas o desagradables). Así, por extensión, algo que repite las características de un punto más alto o más bajo en una escala será armónico y parecerá similar y agradable. Pág. 38.

arrebato: enfurecimiento, ira, cólera, o cualquier otro movimiento impulsivo o pasión de ánimo que lleva a la pérdida del dominio de uno mismo. Pág. 130.

atadura: literalmente, lo que se utiliza para amarrar (algo) con un cordón o banda a su alrededor, para evitar que se mueva o se desbarate; por tanto, atar, limitar o restringir a alguien; impedir que alguien actúe o tenga libertad. Pág. 169.

Auditación Electropsicométrica: el primer manual de operación del E-Metro, publicado en 1952. (*Electro* significa eléctrico o electricidad, *psico* significa alma, y *metro* significa medir). Disponible en los volúmenes *de los Boletines Técnicos* y en el paquete de la serie de conferencias *Técnica 88: Los Incidentes de la Línea Temporal Antes de la Tierra*. Pág. 63.

augurio: señal, anuncio o indicio de algo futuro. Pág. 295.

Autoanálisis en Scientology: edición transformada del *Autoanálisis* original, para incluir el Procesamiento Creativo. Pág. 212.

autoengrandecimiento: búsqueda ambiciosa o despiadada de mayor importancia, riqueza, reputación o poder personal. Pág. 131.

baja combustión: referencia al oxígeno del aire y al carbono de la comida, los cuales cuando se mezclan y reaccionan en el cuerpo humano producen calor y forman energía que entonces se usa para llevar a cabo varias funciones incluyendo el mantenimiento y crecimiento de las células, el movimiento de los músculos, etc. *Baja combustión* significa que la reacción química entre las sustancias (oxígeno y carbono) es relativamente lenta y ocurre a bajo nivel, lo que es diferente a la combustión rápida como la que ocurre en el motor de un coche. Pág. 17.

banda negra del sonido: banda de sonido que es supersónica (más allá del oído humano) y es tan intensa que puede destruir los tejidos vivos. Pág. 91.

base: soporte inferior de algo; aquello en lo que algo se coloca o descansa. Pág. 206.

basto: hecho de elementos materiales, que se cree que son de menor calidad, de menor nivel, de menor valor que algo más (en contraste con lo que es espiritual). Pág. 17.

becomingness (condición de llegar a ser): estado o cualidad de convertirse, crecer o llegar a ser. Pág. 241.

bestialismo: relaciones sexuales entre una persona y un animal. Pág. 296.

bestia rugiente que escupía fuego, dar muerte a una: se refiere a luchar con un dragón y matarlo; un dragón es un monstruo legendario en la tradición de muchas culturas europeas y asiáticas. Las leyendas describen a los dragones como criaturas enormes, parecidas a los lagartos, provistos de alas, que exhalan fuego, tienen una larga y escamosa cola y frecuentemente protegen un tesoro buscado. El matar a tal bestia se consideraba difícil y una hazaña admirable e inspiradora. Pág. 124.

biología: ciencia del origen, desarrollo, características físicas, hábitos, etc., de los seres vivos. Pág. 3.

bomba de fisión: bomba atómica en que la parte central de un átomo se divide (fisiona) en partes más pequeñas, acompañada por una liberación importante de energía. Pág. 3.

borde del precipicio, al: punto crucial o crítico, en especial de una situación o condición más allá de la cual ocurre el éxito o la catástrofe. Literalmente, la orilla de un precipicio como el *borde* de un peñasco. Pág. 123.

botón: computación, debilidad o argucia de la mente humana que puede corregirse con sólo tocar un factor. Este término proviene de la idea de presionar un botón para activar algo, como en un aparato eléctrico o mecánico. Pág. 182.

bracket: uno recorre las cosas en *brackets.* La palabra "bracket" se tomó de la artillería, y significa rodear con una salva (un flujo repentino de balas u otros proyectiles) de fuego. Un bracket se recorre como sigue: primero, uno obtiene el concepto como *sucediéndole al preclear*. Después, obtiene el concepto del *preclear haciendo que le suceda a otro (o pensándolo o diciéndolo)*. Después uno tiene el concepto como *dirigido a otro por otros.* Pág. 107.

brizna: porción de materia vegetal de forma delgada y alargada semejante a un hilo. Pág. 297.

brutal: extremadamente rudo, duro o cruel; salvajemente violento. Pág. 168.

campo: región, volumen o espacio donde existe una influencia o fuerza específica que se puede medir. Pág. 88.

carrusel: aparato de entretenimiento formado por una plataforma giratoria con caballos, otros animales y bancas de madera, etc., en donde la gente se puede sentar o montar acompañada de música mecánica o grabada. Por lo tanto, algo que da vueltas y vueltas como un carrusel sin ir realmente a ninguna parte. Pág. 217.

Caso V: lo mismo que el Paso V (cinco) o "V". La definición de un Caso V es "ningún mock-up, sólo negrura". El término se refiere al paso V del Procedimiento Operativo Estándar donde el auditor prueba al preclear en cada nivel del proceso para encontrar un paso que el preclear pueda hacer y comienza a procesarlo en ese paso. A un preclear a quien se le tenía que iniciar en el Paso V del proceso se le llamaba un "Caso V". Pág. 297.

causa: causa es fuente potencial de flujo. Pág. 15.

Causa: algo sin espacio, sin tiempo, sin forma; un estático verdadero que tiene el potencial de crear, conservar, alterar o destruir, materia, energía, espacio y tiempo. Eso es *Causar* y puede convertirse en un sustantivo con *C* mayúscula. Pág. 125.

centelleante: que arde brillantemente y con gran fuerza; de enorme inmensidad o fervor. Pág. 153.

centelleante y crepitante: se refiere a la apariencia y al sonido que se puede observar cerca de algunas líneas eléctricas altamente poderosas. *Véanse también* **centelleante** y **crepitante.** Pág. 153.

ciencia: conocimiento; comprensión o entendimiento de los hechos o principios clasificados o disponibles en el trabajo, en la vida o en la búsqueda de la verdad. Una ciencia es un cuerpo asociado de verdades demostrables o de hechos observados, organizados sistemáticamente y reunidos bajo leyes generales. Incluye métodos confiables para el descubrimiento de nuevas verdades dentro de su dominio y denota la aplicación de métodos científicos en campos de estudio que se considera que sólo están abiertos a teorías basadas en criterios subjetivos, históricos o indemostrables y abstractos. La palabra *ciencia* se usa en este sentido, que es el significado y tradición de la palabra en el sentido más elemental, no en el sentido de las ciencias *físicas* o *materiales.* Pág. 3.

ciencias físicas: cualquiera de las ciencias, como la física y la química, que estudian y analizan la naturaleza y las propiedades de la energía y materia sin vida. Pág. 23.

"V": igual que Caso V (cinco) o Paso V. La definición de un (Caso) V es "ningún mock-up, sólo negrura". El término se refiere al Paso V del Procedimiento Operativo Estándar donde el auditor prueba al preclear en cada nivel del proceso para encontrar un paso que el preclear pueda hacer y comienza a procesarlo en ese paso. A un preclear a quien se le tenía que iniciar en el Paso V del proceso se le llamaba un "Caso V". Pág. 297.

cinético: algo que tiene mucho movimiento. La cinética se describe más a fondo a lo largo del libro *Scientology 8-8008.* Pág. 15.

cohesión y adhesión: en física, *cohesión* es la fuerza que hace que las partículas o las moléculas de cualquier tipo de sustancia permanezcan juntas. La *adhesión* es la fuerza que mantiene juntas a las moléculas de sustancias desiguales. Por ejemplo, cuando una lámina de vidrio se sumerge en el agua y se saca de ella, parte del agua se adhiere a ella (adhesión) pero el resto del agua será atraído al cuerpo principal de agua (cohesión). Pág. 39.

coincidir: que sucede o existe al mismo tiempo. Pág. 246.

comatoso: relacionado con la naturaleza de un *coma,* un estado prolongado de inconsciencia. Pág. 42.

como un fin en sí: propósito o meta deseados por su propia razón (más que para alcanzar alguna otra cosa). Pág. 278.

compañero: persona que comparte las actividades, la ocupación, la suerte o las experiencias de alguien; un amigo cercano. Pág. 137.

comprometer; comprometido: llegar a un acuerdo (con otra realidad) por ceder parcialmente a la posición, los principios o los estándares propios. Pág. 138.

compuesto: estructura o identidad hecha de partes, elementos o componentes distintos (a veces combinados de tal manera que pierden algo de sus características individuales diferentes). Pág. 16.

Conceptos y Sentimientos: técnica de procesamiento que hace que el preclear tenga y conserve un concepto y un sentimiento en particular hasta que desaparezca. El concepto es una idea y el sentimiento es una emoción, y uno puede obtenerlos al mismo tiempo. Por ejemplo: "Ten la idea de fallecer" es un concepto. "La bella tristeza de fallecer" está conservando el concepto de fallecer y la emoción de la bella tristeza. Cuando tenga el concepto, el preclear sentirá, el cambio de nivel emocional, y este desaparecerá. Conceptos y Sentimientos se describe en el libro *Scientology 8-80.* Pág. 160.

concesión: resultado de rendirse o ajustarse, como al reducir la calidad, el estándar, etc. Pág. 260.

condensador: aparato para acumular y mantener carga eléctrica. Un *condensador* consiste en dos superficies conductoras de carga igual pero opuesta que se mantienen separadas por un material aislante. Pág. 150.

condensador que se está descargando: en un circuito electrónico, un condensador puede acumular grandes cantidades de energía y, cuando la libera, produce un efecto mucho mayor que el que podría haber causado el propio flujo eléctrico. *Véanse* **condensador** y **descargar.** Pág. 150.

confluencia: comunicación; intercambio. De *con* que significa juntamente, y *fluencia* que significa fluir. Pág. 241.

conservación de la energía: ley de la física que declara que la energía en sí no puede ser creada ni destruida sino que sólo altera su forma. Por ejemplo, se cree que si uno quema un trozo de carbón y junta todo el humo, las cenizas y otras partículas que se emanaron de la combustión y las pesa, tendría el mismo peso de antes de que se quemara el carbón. Pág. 252.

convicción: estado o condición mental de estar convencido; creencia fuerte o firme. Pág. 296.

coordinar: idear o arreglar mediante el acuerdo. Pág. 120.

corriente alterna: electricidad que fluye durante un periodo breve en una dirección y luego invierte el flujo durante un periodo breve en la dirección opuesta (a diferencia de la corriente directa como en una batería). Se mantiene invirtiéndose o alternándose una y otra vez a gran velocidad. Por ejemplo, la mayoría de los contactos eléctricos operan con corriente alterna. Pág. 151.

corriente negativa: en la frase *"corrientes positivas y negativas"*, flujos (corrientes) de partículas muy, muy pequeñas que tienen carga ya sea positiva o negativa. Las *corrientes positivas* son corrientes con carga positiva que fluyen a través de una sustancia como el líquido de la batería de un coche. Las *corrientes negativas* son corrientes de partículas con carga negativa que fluyen a través de una sustancia, como un alambre de cobre. Las partículas pequeñas pueden tener carga positiva o negativa o ser neutras. Cuando tienen carga, las partículas son atraídas por cargas opuestas y repelen cargas similares, y por lo tanto fluyen. Pág. 39.

corriente positiva: en la frase, *"corrientes positivas y negativas"*, flujos (corrientes) de partículas muy, muy pequeñas que tienen carga ya sea positiva o negativa. Las *corrientes positivas* son corrientes con carga positiva que fluyen a través de una sustancia como el líquido de la batería de un coche. Las *corrientes negativas* son corrientes de partículas con carga negativa que fluyen a través de una sustancia, como un alambre de cobre. Las partículas pequeñas pueden tener carga positiva o negativa, o pueden ser neutras. Cuando tienen carga, las partículas son atraídas por cargas opuestas y repelen cargas similares, y por lo tanto fluyen. Pág. 39.

crepitante: que exhibe vivacidad, vitalidad, etc. Literalmente, producir sonidos ligeros de crujidos repetidos rápidamente. Pág. 153.

cresta: parte más alta de una onda. *Véase también* **longitud de onda.** Pág. 32.

criminal potencial: alguien que pronto cometerá crímenes. Pág. 127.

cuasi-: que se parece a algo; similar; en parte. Pág. 292.

curso (de algo): **1.** Serie de pasos sistemáticos u ordenados, como en *"el curso de la auditación"*. Pág. 146.
2. Sucesión de etapas por las que pasa algo, como en *"el auditor no debe desalentarse ante el curso del tono, sino que debe simplemente perseverar"*. Pág. 146.

curva emocional: descenso o ascenso en la Escala Tonal que acompaña al fracaso para controlar cualquier dinámica o al receptor de un aliado en cualquier dinámica. El descenso es de arriba de 2.5 hacia abajo a Apatía, en una curva empinada. Esto ocurre en minutos, en segundos o en horas. La velocidad de su caída es un índice de la severidad del fracaso. La curva emocional se describe por completo en el libro *Procedimiento Avanzado y Axiomas.* Pág. 302.

Dante: poeta italiano (1265–1321) que en su obra más importante, *La Divina Comedia,* describe su viaje a través del Infierno y hasta el Cielo. Escritas sobre la puerta del Infierno están las palabras: "Oh, vosotros los que entráis, abandonad toda esperanza". Pág. 123.

DC: abreviatura de *corriente directa* (del inglés *Direct Current*) la electricidad que fluye sólo en una dirección. Un ejemplo de esto son las baterías de las linternas y las que se usan en la mayoría de los equipos portátiles. Pág. 151.

DED: *DED* proviene de la frase en inglés, *deserved action* (acción merecida), un incidente que el preclear le hace a otra dinámica y para el que no tiene un motivador; por ejemplo, castiga, lastima o ejerce venganza contra algo que nunca lo ha lastimado. Ahora él debe justificar el incidente. Usará cosas que no le sucedieron. Afirma que aquello que él dañó realmente se lo merecía, de aquí la palabra, la cual es un sarcasmo. DED se describe en el libro *Scientology: Una Historia del Hombre.* Pág. 302.

DEDEX: incidente que le sucede a un preclear *después* que tuvo un DED. Siempre se encuentra en la misma cadena o tema, siempre está después de un DED. Esto significa que el DED se EXpuso. Es culpa encubierta. Su efecto en el preclear está totalmente fuera de proporción al daño real que se le hizo. Uno pensaría que fue asesinado por una palabra áspera o por un rasguño. Explicará violentamente la forma tan terrible en que se le ha maltratado. DEDEX se describe en el libro *Scientology: Una Historia del Hombre.* Pág. 302.

DED-DEDEX: auditar al preclear en DED y DEDEX. Pág. 302.

deducir (deducción): llegar a una conclusión razonada a partir de datos ya conocidos o supuestos. Pág. 120.

degradado: disminuido en calidad, valor o carácter. Pág. 169.

del tipo que se hacía en los inicios: que se relaciona con un periodo cercano al inicio de un curso de sucesos o que es característico de este periodo. Específicamente, en este sentido, se relaciona con la auditación de Dianética de 1950 a 1951, como en: *"Después de unos cuantos cientos de horas de auditación del tipo que se hacía en los inicios".* Pág. 300.

descargar: *descarga* es el flujo de electricidad que ocurre cuando se tocan dos objetos de carga opuesta, o cuando se proporciona una ruta entre los objetos para que ocurra un flujo eléctrico. Un ejemplo es la chispa o la sacudida que sientes cuando tocas la manija de una puerta después de caminar por un tapete en un día seco. Un terminal se está *descargando* contra otro terminal cuando se permite que la carga fluya del uno al otro. Pág. 150.

desquiciar: exasperarse, trastornarse o alterarse. Pág. 300.

"destello": hay una nube de chispas doradas estupenda que un individuo emite. Eso es hacer puntos de dimensión. Pág. 285.

desvanecer: que algo se vuelva débil o que pierda su fuerza. Pág. 122.

desvirtuar: reducirse en calidad o grado; corromperse debido a una mezcla. Por tanto, una afinidad que se ha desvirtuado es afinidad que no es pura y por lo tanto de más baja calidad. Pág. 138.

diabólico: en extremo o extremadamente grande. Pág. 196.

dimensión: medida de extensión especial, como la longitud, la anchura o la altura. Pág. 91.

dioses más antiguos: los thetanes que construyeron este universo. Pág. 118.

discernimiento: acto o caso de *discernimiento,* separar mentalmente (algo) de otra u otras cosas; reconociéndolo como algo separado o distinto. Pág. 164.

disipación: desaparición o desvanecimiento. Pág. 165.

distorsión espacial: distorsión imaginaria de espacio-tiempo que hace posible que ocurran fenómenos que son contrarios a las leyes aceptadas de la naturaleza o del universo físico. Pág. 185.

divergencia: alejamiento o desviación de una ruta, de un curso, de lo estándar, de un patrón, etc. Pág. 165.

dominante: que ejerce una influencia determinada; que controla o influye. Pág. 194.

dominio: influencia controladora; poder que se ejerce sobre algo o sobre alguien sometiéndolo a la propia voluntad y controlándolo. Pág. 260.

ecuanimidad: estabilidad o aplomo mental o emocional, en especial bajo tensión o presión; calma. Pág. 169.

edificación: instrucción o esclarecimiento; ganancia intelectual. Se usa irónicamente. Pág. 167.

elemento: individuo, parte o pieza integrantes y constitutivas de un todo o que están involucradas en alguna acción, situación, etc. Pág. 202.

enconado: del verbo enconar, hacer más violenta o difícil de calmar una lucha, una disputa, etc. Pág. 132.

enfocar: ajustar algo de modo que llegue a un punto o centro donde algo se vuelve nítido y tiene un estado de claridad. Pág. 188.

enfrentarse: confrontar; ver a alguien o a algo cara a cara. Pág. 124.

engendrar: traer a la vida, dar lugar a algo; producir. Pág. 253.

"en la misma longitud de onda": en acuerdo o concordancia. Pág. 168.

en la práctica común: comportamiento esperado, usual y común. Pág. 18.

en manos de: bajo el control, guía o cuidado de. Pág. 120.

ennegrecida por los esqueletos de los beingnesses perdidos: sin esperanza y condenado al fracaso como muestran los cuerpos muertos y descompuestos de aquellos que se fueron antes y no pudieron descubrir la verdad. En este sentido, *ennegrecida* se caracteriza por la ausencia de luz o por estar envuelto en la oscuridad, y por lo tanto, es lo opuesto a lo brillante y esperanzador. *Esqueletos* se refiere a los cuerpos muertos, y *beingnesses perdidos* se refiere a las identidades que no fueron descubiertas ni recuperadas. Pág. 122.

Entidades, Las: las entidades se describen totalmente en el libro *Scientology: Una Historia del Hombre.* Pág. 160.

entremezclarse: unirse, generalmente sin que se pierdan las características individuales de cada sustancia que se mezcla. Pág. 225.

epistemología: rama de la filosofía que investiga el origen, la naturaleza, los métodos y los límites del conocimiento humano. Pág. 122.

equilibrio: condición en la que todas las influencias que actúan están en oposición a otras o son canceladas por otras, lo que tiene como resultado un sistema estable, equilibrado o sin cambio. Pág. 15.

equiparar: ser comparable a; asociarse apropiadamente con; mostrar una relación, como la equivalencia entre dos cosas. Pág. 114.

escala ascendente: en Procesamiento de Escala Ascendente, una referencia a la acción del preclear cuando cambia o altera sus postulados a un nivel más alto en la Tabla de Actitudes. El Procesamiento de Escala Ascendente se describe totalmente en el Capítulo Veinticuatro, Procesamiento de Postulados. Pág. 113.

escollo: roca o peñasco poco visible en la superficie del agua, que supone un peligro para las embarcaciones. Pág. 124.

escrutar: explorar, indagar o examinar con mucha atención. Pág. 123.

escrutinio: examen y averiguación exactos y cuidadosos de algo. Pág. 122.

"Es más fácil que un camello pase por el ojo de una aguja que un rico entre en el reino de los Cielos": se refiere a un relato bíblico sobre un hombre rico a quien se le dijo que la vida eterna podría ser suya si vendía todo lo que tenía y se lo daba a los pobres; el hombre rechazó la oferta y se alejó tristemente. Por lo tanto, se dijo: "¡Es más difícil que un rico entre en el reino de los Cielos que un camello pase por el ojo de una aguja!". Pág. 115.

Espaciación: *Espaciación* se describe en el Paso III del Procedimiento Operativo Estándar 8 en este libro. Pág. 286.

espectro: rango continuo o la extensión total de algo entre dos extremos o puntos opuestos. Pág. 23.

especulación: conclusión, opinión o teoría a la que se llega mediante suposición debido a que la información o evidencia que se tiene está incompleta. Pág. 241.

espiritismo: doctrina o creencia de que los espíritus de los muertos pueden comunicarse y se comunican con los vivos, especialmente a través de una persona (médium). Pág. 17.

espíritu: actitud o intenciones con las que alguien intenta o mira algo; inclinación o tendencia de un tipo específico. Pág. 130.

Esta Es Scientology: obra que se escribió originalmente para el número de junio de 1953 del *Diario de Scientology (Journal of Scientology)*. *Esta Es Scientology* se publicó en el libro *La Creación de la Habilidad Humana*. Pág. 304.

estancarse: detenerse o confinarse por un *dique,* una barrera de tierra, una pared, etc., que se construye en una corriente o un arroyo para obstruir su flujo o para elevar su nivel. Pág. 205.

estático: algo sin movimiento, sin partículas y sin longitud de onda. El estático se describe en el libro *Scientology 8-8008.* Pág. 15.

exacta: (como en *"una ciencia exacta"*) que se caracteriza por un apego estricto a los estándares o las reglas. Pág. 11.

expediente: archivo completo que contiene información detallada sobre la persona. Pág. 130.

Exteriorización Negativa: procedimiento para exteriorizar a alguien: "Trata de *no* estar 30 centímetros atrás de tu cabeza". Le dices que no se salga de su cabeza. Pág. 302.

fijar: atar, establecer o poner la atención firmemente en o sobre algo. Pág. 38.

fijo: que se coloca sobre algo, como si estuviera firmemente unido o amarrado. Pág. 63.

físico: científico que es especialista en la *física,* la ciencia que trata con la materia, la energía, el movimiento y la fuerza, incluyendo lo que son estas cosas, por qué se comportan como lo hacen y la relación que existe entre ellas. En contraste con las ciencias vivas como la biología, la cual estudia y observa los organismos vivos como los animales y las plantas. Pág. 3.

fisión en cadena: en este libro se usa como una analogía a la reacción en cadena que ocurre cuando la porción central de un átomo (el núcleo) se divide (fisiona) en partes más pequeñas, esas partes más pequeñas se lanzan hacia fuera y dividen a otros átomos, los cuales a su vez separan a otros y así sucesivamente. Pág. 151.

flujo inverso: el hecho de fluir regresando o retornando en dirección opuesta, en comparación con algo que fluye de regreso hacia una fuente, un flujo de regreso. Pág. 210.

forma: estructura, figura o pauta de algo para diferenciarlo de la materia de la que está compuesto. Pág. 12.

formular: planear de manera definitiva, sistemática y ordenada. Pág. 145.

fraternidad: asociación o alianza, como las de hombres con otros hombres, hombres con otras cosas, etc.; un sentimiento de cercanía con algo, como cuando *"Uno desciende a una 'fraternidad con el universo'"*. Pág. 48.

fuerte: de gran fuerza, intensidad, turbulencia, etc., como en *"dolor agudo o fuerte tensión emocional"*. Pág. 16.

Galaxia 13: galaxia en la que está nuestro sistema solar. Una *galaxia* es un sistema de estrellas grandes que se mantienen juntas por la gravedad y están aisladas de sistemas similares por grandes regiones de espacio. Pág. 125.

gallardía: valentía heroica, especialmente en la guerra o en una situación de gran peligro; nobleza de espíritu o de acción. Pág. 124.

generador eléctrico: máquina o dispositivo mecánico que produce electricidad. Pág. 150.

génesis: el hecho de iniciar la existencia de algo; la etapa inicial de un proceso de desarrollo; origen. Pág. 271.

geometría: manera en que las partes o elementos de algo están diseñados para encajar. Pág. 11.

girar: moverse en curva, como alrededor de un punto central, como en *"dondequiera que brillen los soles y giren los planetas"*. Pág. 131.

GITA Expandido: *GITA* es una abreviatura de la frase en inglés *Give and Take Processing (Procesamiento de Dar y Tomar)*. GITA Expandido se describe en el Procedimiento Operativo Estándar 8 en este libro. Pág. 286.

Gobernador: velocidad del preclear. Qué tan rápido recorre, qué tan rápido puede cambiar flujos, cuánta energía puede crear. Es una analogía relacionada con un *gobernador,* un aparato mecánico que controla la velocidad de una máquina. Aquí significa un tipo de mecanismo de control de velocidad que usa un individuo para subir o bajar su propia velocidad con el propósito de hacer frente a varias situaciones en la vida. Uno puede decidir avanzar con rapidez o lentitud y El Gobernador pone en uso el facsímil theta que tenga esa velocidad, afectando el metabolismo y todo lo demás que concierne al cuerpo. Para recorrer con lentitud tomará, postulará o imaginará un facsímil lento y luego actuará de acuerdo a él. O puede postular un facsímil theta de rapidez y actuar de acuerdo a él. Se puede encontrar información adicional en la conferencia del 24 de octubre de 1951: "Estar en lo Correcto". Pág. 149.

gravitatorio: perteneciente o relacionado con una fuerza o sensación de atracción, por ejemplo, hacia un objeto o punto de influencia, se compara con la *gravedad,* la fuerza física debido a la cual los cuerpos tienden a moverse hacia el centro de la Tierra. Pág. 266.

griego de la antigüedad: se relaciona con un escritor, filósofo, etc., de Grecia en un periodo que va aproximadamente del siglo tercero al primero a. C.; un periodo de gran avance cultural. Pág. 131.

grito de guerra: grito, palabra, frase, etc., expresada con energía para reunir y alistar el ataque; grito de batalla. Por extensión, una consigna, frase o lema que se usa para reunir a un partido político, conseguir apoyo para una causa, etc. Pág. 194.

grosería: palabra o frase que moralmente se considera sucia o impura y ofensiva hacia los estándares de decencia aceptados. Pág. 295.

hindú: nativo de la India, seguidor de la religión del hinduismo en la India, el cual enfatiza la libertad del mundo material a través de la purificación de los deseos y la eliminación de la identidad personal. Los hindúes creen que la salvación final se alcanza cuando uno sale del ciclo interminable del nacimiento y la muerte o es absorbido al interior de "la única realidad divina", con la pérdida absoluta de la existencia individual. Pág. 220.

humanidades: ramas de aprendizaje que se relacionan con el pensamiento y las relaciones humanas, a diferencia de las ciencias; especialmente la literatura, la filosofía, la historia. Pág. 3.

humillarse: adoptar una actitud de inferioridad respecto a otro o a perder la dignidad por alguna acción, circunstancia, etc. Pág. 132.

implícitamente: sin lugar a dudas o sin reserva; absolutamente. Pág. 285.

imponderable: que no se puede pesar, medir o precisar. Pág. 226.

incursión: avance o penetración, en especial a costa de algo o de alguien. Pág. 18.

indiferencia, con: con una actitud de que no es bueno ni malo en su carácter o calidad; promedio; rutinario. Pág. 192.

inducción: el proceso de derivar principios generales, teorías, leyes, etc., a partir de hechos o casos particulares que han sido observados. Pág. 273.

inferir: llegar a la conclusión de que algo es probable, basándose en la evidencia y el razonamiento más que en los hechos claros y detallados. Pág. 260.

infinito: que no se puede medir; el estado o cualidad de ser infinito, ilimitado o sin fin. Introducción.

infravalorado: que se le da menor valor del que tiene o del que merece. Pág. 120.

inhibición: impedimento o represión de la realización o desarrollo de algo, sobre todo de alguna acción o sentimiento. Pág. 124.

inicios, del tipo que se hacía en los: relacionado o característico de un periodo cercano al principio de un curso de sucesos. Específicamente, en este sentido, en relación a la auditación de Dianética de 1950 a 1951, como en: *"Después de unos cuantos cientos de horas de auditación del tipo que se hacía en los inicios"*. Pág. 300.

insensible: completamente sin sentimientos, vida o consciencia. Pág. 124.

insidioso: que actúa o procede de manera poco notoria o aparentemente inofensiva, pero que en realidad causa un efecto grave; lenta y sutilmente dañina y destructiva. Pág. 166.

insojuzgable: que no se le puede dominar con violencia (sojuzgar). Pág. 260.

interdependencia: estado o condición de ser incapaz de existir o sobrevivir sin otro u otros. Pág. 13.

interés creado: interés especial en proteger o promover aquello que ofrece una ventaja personal. *Intereses creados* son aquellos que buscan mantener o controlar una actividad, arreglo o condición existentes de los cuales se reciben beneficios privados. Pág. 192.

jocosamente: bromeando; de manera humorística o juguetona. Pág. 117.

juego limpio: trato, acción o conducta justa y honorable; respeto por las reglas, como en un juego. Pág. 130.

jugador: alguien que participa en un juego. *"Abajo del nivel de 'jugador'"* se refiere a la escala de juegos cuyos componentes son: hacedor de juegos, jugadores, ayudantes de jugadores, piezas y piezas rotas. Los juegos se describen en las conferencias de LRH del 12 de diciembre de 1952, "Procesamiento de Juegos" y, "Juegos/Metas" en la serie de conferencias del *Curso del Doctorado de Filadelfia.* Pág. 196.

jurisprudencia: filosofía o ciencia de la ley. Pág. 115.

key-out: hacer que algo, por ejemplo, como un mecanismo de la mente, se desactive. Literalmente, *key* (llave) es un pequeño instrumento manual que abre, cierra o conecta contactos electrónicos. Por tanto, *key-out* significa sacar algo del circuito, de tal manera que pierda la capacidad de producir una reacción automática. Pág. 303.

Korzybski, Alfred: erudito polaco-norteamericano (1879–1950). Creía que el uso impreciso del lenguaje afectaba el comportamiento humano, causando confusión y mala comunicación, mal comportamiento e incluso enfermedades psicosomáticas. Para remediar esto él empleó varios ejercicios y acciones convencionales. Por ejemplo, el uso de comillas en ciertos términos y de anotaciones numeradas, como colocar la fecha de nacimiento abajo del nombre de alguien (López $_{1920}$ y López $_{1935}$), para impedir que se identificaran personas o cosas que en realidad no eran idénticas y así diferenciarlas en el tiempo cuando alguien se refería a ellas. Pág. 82.

Liberar al Thetán por Localización y Agotamiento de Flujos: técnica en la cual el auditor saca al preclear de su cuerpo y después vuela los flujos. El auditor de hecho le hace trabajar en torno a su cuerpo por medio de hacerlo trabajar contra los flujos. Pág. 160.

Liberar al Thetán por medio de Conceptos y Sentimientos: proceso que dirige al preclear con la orden "Ten el concepto de que necesitas un cuerpo" y "Ten el concepto de que no necesitas un cuerpo". Pág. 160.

Liberar al Thetán por medio de Orientación: técnica en la cual el auditor hace que el preclear tire de sí mismo para salir del cuerpo. Ver el Paso II del Procedimiento Operativo Estándar, Publicación 3 en este libro. Pág. 160.

Liberar al Thetán por medio del Presente y el Futuro: procesamiento que enfatiza la ganancia positiva, el presente y el futuro más que la ganancia negativa o la erradicación del pasado. Pág. 160.

Liberar por medio de Dicotomías: proceso que se describe completamente en Las Dicotomías. Pág. 160.

Liberar por medio de la Escala Tonal: proceso que se describe completamente en la Escala Emocional y la Escala Tonal por Debajo de Cero. Pág. 160.

libre de: libre de la obstrucción, del peso o la limitación, liberado de, desenmarañado de. Pág. 207.

línea-de-carga: relacionada con una línea-de-carga, todo un grupo de incidentes juntos los cuales forman un cuerpo de carga. Una *línea-de-carga* es simplemente una gran cantidad de alivio que sale del caso, a veces acompañado por risa. Pág. 109.

lógica asociativa: tipo de lógica que raya en la identificación. Se construye basándose en que a cualquier cosa a la que se le da atención activará todas las cosas de esa clase. Ejemplo: un barril de cerveza es una barrica de cerveza. Más grande. Lo cual significa "mi hermano" porque él es más grande. Pág. 58.

longitud de onda: una *longitud de onda* es la distancia relativa de nodo (cresta) a nodo (cresta) en cualquier flujo de energía. En el universo MEST, una longitud de onda normalmente se mide en centímetros o metros. Cuanto mayor sea el número, se considera que la longitud de onda es más baja en la escala de gradiente de longitudes de ondas. Cuanto más pequeño sea el número, se considera que la longitud de onda es más grande en una escala de gradiente. *Véase también* **nodo.** Pág. 15.

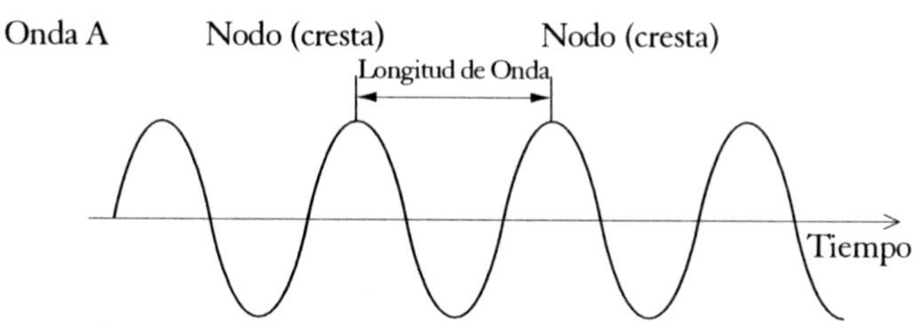

Cuanto más pequeña sea la distancia entre las crestas de una onda, mayor será la longitud de onda, considerada en la escala de gradiente de longitudes de onda.

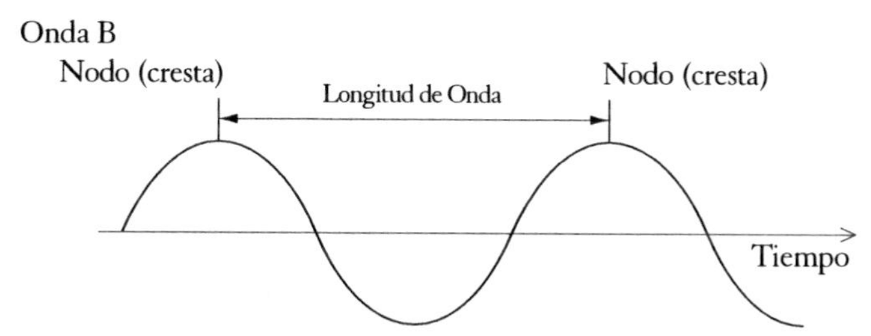

Cuanto más larga sea la distancia entre las crestas de una onda, menor será la longitud de onda, considerada en la escala de gradiente de longitudes de onda.

macrocosmos: estructura compleja como el mundo o el universo, considerados como una identidad única que contiene numerosas estructuras (similares) de menor escala y donde la estructura de mayor escala se considera una representación o una estructura similar a unidades más pequeñas. Ejemplo: las acciones de su unidad familiar reflejan el macrocosmos social en el que vive. La palabra *macro* significa agrandamiento, algo largo o grande. Pág. 259.

magnitud: (se refiere a algo físico o no físico) tamaño, cantidad, extensión, importancia o influencia relativas. Pág. 71.

manicomio: institución para enfermos mentales. Pág. 107.

Mark: marca o modelo particular de aparatos, frecuentemente seguida de un número que indica la etapa de desarrollo en cuanto a diseño y construcción, o el orden en que se adoptó. Mark I sería el primer modelo. Mark 10,000 sería el lugar 10 mil, supuestamente un modelo muy avanzado. Pág. 167.

mastín: perro grande, poderoso, de cabeza prominente, valioso como perro guardián. Pág. 118.

mecánico: que se refiere o se relaciona con objetos materiales o condiciones o fuerzas físicas. Pág. 17.

mediana edad: periodo de la vida humana entre la juventud y la ancianidad, usualmente se consideraba que es entre los 40 y 60 años. Pág. 73.

mediante: a través del uso de; a través de un método o sistema particular; a través de la ayuda de. Pág. i.

-8.0: nivel de *Esconderse* en la Escala Tonal por Debajo de Cero. Pág. 37.

menospreciar: disminuir en rango o estima; deshonrar (al compararlo con algo inferior); devaluar. Pág. 206.

mente infinita: teoría o creencia de que existe una mente absoluta, la mente de Todos, que está presente en todas partes y es independiente del tiempo y el espacio; la fuente y fundamento de la existencia, que posee todo el poder, la sabiduría y la excelencia posibles, algo que se dice en relación a Dios. Pág. 128.

microcosmos: mundo pequeño; algo que se considera una representación en miniatura de las características de algo mucho más grande. Pág. 259.

miembro: parte de un cuerpo humano (o animal), especialmente una pierna o un brazo. Pág. 278.

misticismo: creencia de que es posible lograr conocimiento de verdades espirituales y de Dios mediante la contemplación o mediante el pensamiento profundo y cuidadoso. Pág. 17.

místico: persona que afirma haber logrado o cree en la posibilidad de lograr una comprensión interna de misterios que superan el conocimiento humano ordinario, por ejemplo mediante comunicación directa con lo espiritual o lo divino. Pág. 205.

mítico: que se relaciona con una cosa o persona imaginaria o ficticia. Pág. 174.

mock-up: imagen u objeto creado por uno mismo que existe como tal o simboliza algún objeto en el universo MEST; un cuadro de imagen mental creado por un thetán. Pág. 119.

modus operandi: término en latín que significa modo de actuar, forma de actuar o funcionar. Pág. 251.

negrura del espacio: gran extensión de oscuridad en el espacio exterior entre las galaxias en las dimensiones masivas del universo MEST. Se refiere a la *negrura* del *espacio* exterior donde no hay soles o estrellas y que está a una gran distancia. Pág. 131.

nido de víboras: lugar o situación muy caótica y desagradable. En las culturas primitivas, literalmente un pozo enorme que contiene serpientes venenosas, al cual se lanzaban víctimas para su ejecución o como prueba de resistencia. Pág. 122.

Nietzsche, Friedrich: Friedrich Wilhelm Nietzsche (1844–1900), filósofo y poeta alemán. En su libro, *Así Habló Zaratustra,* Nietzsche denunció a toda religión y a los valores tradicionales de las masas, a las que describió como "manada", y promovió "la moral de los amos", una doctrina relacionada con perfeccionar a un "súper hombre" que se ha liberado de todos sus valores. Se considera que su filosofía influyó en las actitudes del régimen nazi en Alemania.

Zaratustra (o Zoroastro) era el nombre de un poeta Persa del siglo VI a. C. Pág. 228.

Nirvana: meta de los hindúes. Las creencias hindúes son que la "Realidad es Una" (Brahma) y que la suma salvación y la liberación del ciclo interminable del nacimiento y la muerte se logra cuando uno se funde con la "realidad divina única" o cuando esta lo absorbe, con la pérdida absoluta de existencia individual. Pág. 48.

nodo: según se usa en el libro, se refiere a la cresta (la parte superior) de la onda. *Nodo* en este sentido, es lo que proyecta o se extiende hacia afuera y hacia arriba. *Véase también* **longitud de onda.** Pág. 32.

onda de ruido: onda compleja con un patrón al azar e irregular. Pág. 31.

Onda de Ruido

onda sinusoidal: tipo de onda simple que tiene vibraciones regulares suaves a intervalos regulares. *Véase también* **nodo.** Pág. 31.

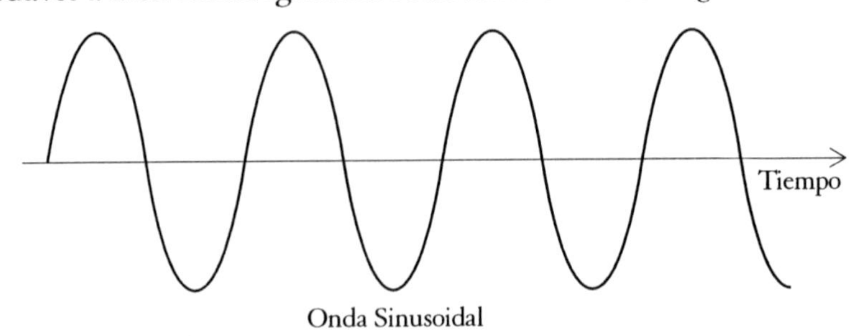

Onda Sinusoidal

orden de magnitud: tamaño, extensión o grado relativo de influencia, poder o algo similar. *Orden* es cualquier clase o tipo de personas o cosas que se distinguen de otras por su naturaleza o carácter. *Magnitud* es la cantidad o grandeza de tamaño, extensión, importancia o influencia. Pág. 128.

paradoja: persona, situación, acto, etc., que parece ser contradictorio o que tiene cualidades contradictorias. Pág. 253.

pasos que se enumeran posteriormente: se refiere a los niveles de caso (pasos) del Procedimiento Operativo Estándar, Publicación 3. Consta de siete pasos de procesamiento, cada paso corresponde a un nivel de caso, lo pasos enumerados posteriormente corresponden a los casos que aún no se han exteriorizado. Pág. 171.

peón: literalmente, una de las piezas de menor tamaño y valor en el ajedrez. Por tanto, algo que se usa o se manipula para los propósitos de alguien. Pág. 196.

pequinés: se dice de una raza de perros pequeños de origen chino, de cabeza ancha, hocico corto, ojos prominentes, orejas gachas y pelo largo. Pág. 118.

perjuicio: daño material o moral. Pág. 133.

pila de carbono: batería que utiliza carbono como uno de sus componentes para producir electricidad. Una batería de carbono tiene dos terminales distintos: uno es positivo (hecho de carbono) y otro negativo (hecho de zinc), la diferencia causa un flujo eléctrico. Pág. 150.

práctica común, en la: comportamiento esperado, usual y común. Pág. 168.

predominar: ser el más común; el más grande en número o cantidad. Pág. 153.

pretexto: algo que se presenta para ocultar un propósito u objetivo verdadero; excusa. Pág. 130.

primordial: lo más grande en importancia o significación. Pág. 171.

Procedimiento Operativo Estándar: serie de siete pasos de auditación publicada en noviembre de 1952. Frecuentemente se abrevia como SOP (del inglés *Standard Operating Procedure*), fue el primero de la secuencia de procesos como SOP 3, SOP 5 y SOP 8 los cuales contienen la tecnología de cómo hacer un Theta Clear. SOP 3 se puede encontrar en este libro en Procedimiento Operativo Estándar, Publicación 3 y SOP 8 se puede encontrar en este libro en el Procedimiento Operativo Estándar 8. Pág. 18.

Procedimiento Operativo Estándar 8: técnica desarrollada después de cuidadosa observación de los procesos operativos anteriores y de su grado de funcionabilidad en manos de los auditores. El SOP 8 pone énfasis en la *ganancia positiva* y en el presente y futuro más que en la *ganancia negativa* de la erradicación del pasado. LRH lo llamó Procedimiento Operativo Estándar 8 para dar énfasis a su importancia y designarlo con el número 8 para asegurarse de que iría con 8-8008. Pág. 289.

Procedimiento Operativo Estándar, Publicación 3: técnica que consta de siete pasos de procesamiento. Se asignó el número 3 a este procedimiento ya que fue la tercera revisión del Procedimiento Operativo Estándar original. Era la versión del momento cuando se publicó originalmente el libro *Scientology 8-8008* y es la versión que corresponde directamente al inicio del Curso del Doctorado de Filadelfia. En este libro aparece un glosario de términos escrito por LRH para el Procedimiento Operativo Estándar, bajo Procedimiento Operativo Estándar, Publicación 3. Pág. 170.

Procesamiento Creativo: procesamiento que hace que el preclear cree, a partir de energía de su propia creación, varias formas, objetos, distancias y espacios, conocidos como *mock-ups*. El Procesamiento

Creativo se describe completamente en el Capítulo Veintitrés, Procesamiento Creativo. Pág. 58.

Procesamiento de Código de Ética (de Honor): el Código de Honor es un proceso completo en sí porque el código es básicamente conducta cuerda. Uno puede recorrer procesos como Línea Directa, Scanning de Candados o dicotomías en cada punto del código. El Procesamiento del Código de Honor se trata en la conferencia del 7 de noviembre de 1952, "Fuerza Como *Homo Sapiens* y Como Thetán–Responsabilidad" en la serie de conferencias *La Fuente de la Energía de la Vida.* Pág. 160.

Procesamiento de Dar y Tomar: este proceso consiste en causar que el preclear tome, en el orden dado, grandes cantidades de cosas, y al acercarlas a su cuerpo, condensarlas y lanzarlas, remedia el retener excesivo de antiguos artículos, facsímiles y sensaciones. Los objetos que se listan incluyen un gran número de parejas del sexo opuesto; amigos; cuerpos que pudieron haber sido suyos; grandes cantidades de padres y familiares; muchas tumbas; una enorme cantidad de edificios y hogares, grandes cantidades de comida; enormes cantidades de vestimenta (ropa); grandes sumas de dinero en muchas formas, billetes y monedas; gran número de joyas; armas y rayos de energía; comunicaciones; emociones; sensaciones. *GITA* es la abreviatura del inglés de *Give and Take Processing (Procesamiento de Dar y Tomar)*. GITA Expandido se describe en Procedimiento Operativo Estándar 8 en este libro. Se menciona en el suplemento de la serie de conferencias *Los Factores.* Pág. 293.

Procesamiento de Esfuerzo: el *Procesamiento de Esfuerzo* se hace recorriendo momentos de estrés físico. Incidentes como los que contienen dolor físico o gran estrés de movimiento (como lesiones, accidentes o enfermedades) se abordan por medio del Procesamiento de Esfuerzo. El Procesamiento de Esfuerzo se describe en el libro *Procedimiento Avanzado y Axiomas* y la serie de conferencias que lo acompañan: *Pensamiento, Emoción y Esfuerzo.* Pág. 302.

Procesamiento de Postulados: el *Procesamiento de Postulados* es el procesamiento que aborda los postulados, las evaluaciones y las conclusiones del preclear al nivel de pensamiento auto-determinado. Sin embargo, el Procesamiento de Postulados tiene cierto valor cuando se dirige a las ideas de estímulo-respuesta. Junto con el Procesamiento Creativo, el Procesamiento de Postulados es el método primario y de más alto nivel para procesar a un thetán, y constituye Scientology 8-8008. Pág. 58.

proceso, en el: en el transcurso o mientras ocurre alguna otra cosa. Pág. 19.

promulgación: acto de dar a conocer ampliamente; el exponer o enseñar algo públicamente. Pág. 119.

proporción: relación que existe entre dos o más cosas; relación proporcional. Una *proporción* a veces se expresa como un número o cantidad en relación con otro número o cantidad. Por ejemplo si una persona pasa diez horas adentro y una hora afuera, la proporción es 10:1 o de diez a uno. Pág. 25.

prueba: secuencia de pasos, declaraciones o demostraciones que llevan a una conclusión. Pág. 24.

prueba clínica: *clínica* significa que comprende o se basa en una observación directa de algo o alguien. Una *prueba clínica* es algo que sirve como un ejemplo o una base para evaluar. Pág. 228.

Quinta Fuerza Invasora: alusión a las *fuerzas invasoras,* pueblos electrónicos. Por lo general, los pueblos electrónicos resultan ser una línea de evolución que existe en planetas de gravedad intensa, por lo cual desarrollan la electrónica. La razón por la que se les llama fuerzas invasoras es que en cierto momento de su juventud se lanzaron a la conquista de todo el universo MEST. Pág. 174.

Randomity: proceso que tiene que ver con randomity. Por ejemplo: "¿Qué has seleccionado para tu randomity en tiempo presente?".

"¿Qué te ha seleccionado a ti para su randomity en tiempo presente?". "¿Qué han seleccionado otros para su randomity en tiempo presente?". Pág. 105.

rastreo: localizar o descubrir por medio de buscar o investigar evidencias, frecuentemente con la idea de seguirle la pista a algo o regresar a partir de la existencia más reciente o más evidente. Pág. 195.

Recorrer Candados: (Scanning de Candados) proceso que inicia al preclear desde un punto en el pasado, con el que ha tenido contacto sólido, pasando a través de incidentes similares, sin hablar. Esto se hace una y otra vez, cada vez tratando de comenzar en un incidente anterior del mismo tipo, hasta que el preclear se extrovierta en el tema de la cadena. El Scanning de Candados es un ejercicio estandarizado, que se comienza cuando se indica y termina cuando el preclear dice que está de nuevo en tiempo presente. Pág. 160.

Recorrer Engramas: método del Procedimiento Operativo Estándar de 1950 ó 1951. Es un método para hacer que el individuo vuelva a asumir el control de un periodo en el que ha abandonado el control del espacio, la energía y los objetos. Haces que vuelva a asumir control pasando de nuevo a través de él y demostrándole que tenía mejor control de él de lo que suponía. Pág. 160.

Recorrer Flujo Vivo: recorrer flujo de tiempo presente. Simplemente fabricas energía y haces explotar cosas con ella. Pág. 160.

Recorrer Riscos (Circuitos): vuelas un risco haciendo que fluya o aplicándole energía directa. Cuando el thetán está fuera del cuerpo, en realidad puede llegar al interior del cuerpo con un rayo y volar los riscos que están por todo el cerebro, por toda la columna vertebral; en cualquier parte del cuerpo donde los nervios estén fijos a algo, puede enderezar la energía residual. *Recorrer Riscos* se describe por completo en el Paso IV del Procedimiento Operativo Estándar, Publicación 3 en este libro. Pág. 160.

Recorrer Secundarias: recorrer cargas de pesar, el tema de la pérdida. Se recorre de la misma forma en que se recorre un engrama. Comienzas al principio y estas pueden estar en terror, en miedo, ser cualquiera de estas cosas, simplemente le dices al preclear que comience y él lo recorre hasta el final. Pág. 160.

recuperación: restauración, por ejemplo, de productividad, utilidad o moralidad. Pág. 128.

retroalimentar: regresar algo, como el efecto de algunos procesos como los del cuerpo, dando un sentimiento, algo de lo que es consciente o algo similar sobre cierto estado o condición. Pág. 151.

rey en algún rincón: alguien que ocupa cierta área, esfera o actividad específica y que tiene mando y control total sobre ella, etc. *Rincón* en este sentido significa cualquier área o lugar. De ahí que: *"Un hombre pobre era aquel que no fuera rey en algún rincón"* significa que una persona es insignificante o lamentable si no controla o crea en alguna esfera específica de conocimiento, actividad, interés, etc. Pág. 118.

ritual: cualquier procedimiento, patrón, rutina o acuerdo establecido. Pág. 285.

salir victorioso: sobrevivir a las dificultades y alcanzar un final deseado o satisfactorio. Pág. 123.

Schopenhauer: Arthur Schopenhauer (1788–1860), filósofo alemán que creía que el deseo de vivir es la realidad fundamental y que este deseo, por ser un esfuerzo constante, no se puede satisfacer y sólo causa sufrimiento. Pág. 57.

seguir un curso: completar su desarrollo natural sin interferencia. *El curso* en este sentido significa el paso o progreso continuo a través de una sucesión de etapas. Pág. 226.

selección natural: proceso mediante el cual las formas de vida que tienen características que hacen posible que se adapten mejor a presiones específicas del entorno como son los depredadores, los cambios de clima, la competencia para conseguir comida o pareja, tienden a sobrevivir y a reproducirse más que otras de su clase, asegurando así la perpetuación de esas características favorables en generaciones futuras. Un *depredador* es un animal que caza, mata y se alimenta de otros animales para sobrevivir, o cualquier otro organismo que se comporta de manera similar. Pág. 17.

semántica: que se relaciona con el significado, especialmente el significado en el idioma; el significado de una palabra, una frase, una oración o un texto. Pág. 192.

semántica general: enfoque filosófico del lenguaje altamente organizado, desarrollado por Alfred Korzybski (1879–1950). En el libro *Ciencia y Cordura,* Korzybski rechaza la creencia Aristotélica de que la lógica tiene dos valores (algo que sea A o B) y propone un sistema de valores infinitos. Posteriormente establece que esa identificación (como cuando los perros de Pavlov identificaban el sonido de la campana con la comida, causando una reacción fisiológica) se encuentra en todas las formas conocidas de enfermedades mentales. Pág. 82.

sensato: prudente, de buen juicio o que reflexiona antes de actuar. En este caso se aplica como algo que se basa en hechos y en el pensamiento racional, más que en la especulación. Pág. 17.

señuelo: lo que sirve para atraer a alguien o convencerlo de algo con engaño. Pág. 127.

servil: actuar de modo subordinado, con cumplimiento y obediencia. Pág. 253.

servomecanismo: mecanismo que sirve, da servicio o ayuda a algo. Específicamente, *"La mente humana es un servomecanismo para las matemáticas"* porque las matemáticas son algo que el Hombre usa para resolver problemas: sin la mente humana las matemáticas no serían de utilidad. Pág. 84.

sigue tu propio consejo: consultar con uno mismo, asesorarse uno mismo respecto a las acciones o asuntos de lo que es correcto e incorrecto. Pág. 138.

SOP: abreviatura para *Procedimiento Operativo Estándar* (SOP del inglés *Standard Operating Procedure*). *Véase* **Procedimiento Operativo Estándar.** Pág. 202.

sórdido: que refleja una gran pobreza, miseria o suciedad. En este caso se utiliza para describir a un trabajo como fatigoso, deprimente, degradante o monótono. Pág. 122.

subdividir: dividir en unidades que son aún más pequeñas. Pág. 14.

sublime: relacionado con las regiones más elevadas del pensamiento, la actividad, el beingness, etc. Pág. 131.

subordinado: menor en comparación a algo más grande y más poderoso. De menor importancia. Pág. 125.

sujeto a: que puede ser afectado, influenciado o controlado por algo en particular. Pág. 97.

surtir efecto: entrar en actividad; producir un resultado (como se espera o se intenta). Pág. 182.

susceptible: de tal naturaleza, carácter o constitución que es capaz de someterse a una acción, proceso u operación; capaz de ser influenciado o afectado. Pág. 272.

teoría de la libido: teoría originada por el fundador austriaco del psicoanálisis, Sigmund Freud (1856–1939), la cual declara que la energía o los impulsos que motivan el comportamiento tienen un origen sexual. *Libido* es una palabra latina que significa deseo o lujuria. Pág. 126.

terminal de salida: manera o lugar de salida; salida. Una *terminal* es el lugar donde uno inicia o termina un viaje. Pág. 195.

Theta Clear: ser que está razonablemente estable fuera de su cuerpo y que no regresa al interior del cuerpo sólo porque el cuerpo esté herido. No es necesaria ninguna otra condición. Pág. 107.

Theta Clear Hecho Clear: thetán que está totalmente rehabilitado y que puede hacer todo lo que un thetán debe hacer, tal como mover MEST y controlar a otros a distancia, o crear su propio universo. Pág. 175.

Thetán, El: se refiere al procesamiento del thetán. Como se explica en este libro: *"Junto con el Procesamiento Creativo, el Procesamiento de Postulados es el método primario y más elevado de procesamiento de un thetán y constituye el libro Scientology 8-8008"*. Pág. 58.

tiempo de reacción: cantidad de tiempo que le toma a alguien reaccionar o hacer algo en su entorno (o durante una prueba), tal como tomar una decisión, resolver un problema, etc. Pág. 163.

tierra, conectar a: conectar a tierra para que la carga eléctrica fluya a la tierra de modo que se proporcione una ruta que no sea peligrosa para eliminar corrientes eléctricas sin dirección o excesivas. La tierra conduce la electricidad, así que cuando un dispositivo, pieza de equipo o cualquier elemento que está cargado eléctricamente se conecta a la tierra, la energía eléctrica fluirá hacia fuera del aparato y al interior de la tierra. El cuerpo humano también conduce electricidad, y una carga eléctrica que se genera en el cuerpo saldrá del cuerpo y entrará a la tierra si el cuerpo está conectado con ella. Pág. 154.

tímido: carente de confianza en sí mismo; reservado. Pág. 164.

trama y urdimbre: en sentido figurado, el material básico o el fundamento de una estructura, entidad, etc. La frase se refiere a los hilos que componen un tejido: la *urdimbre* discurre longitudinalmente en el telar, y la *trama* discurre transversalmente. Pág. 81.

"trampa": plan para engañar a alguien. Pág. 122.

transitorio: que dura poco tiempo; que existe brevemente; temporal. Pág. 272.

tribulación: dolor o sufrimiento que resulta de la lucha física o del conflicto mental. Pág. 123.

últimos jirones de: cantidades o fragmentos muy pequeños de algo que quedan después que todo lo demás se ha ido o ha sido destruido, etc. Pág. 130.

ultrajar: ofender gravemente con palabras o acciones. Pág. 83.

ultraje: ofensa grave hecha con palabras o acciones. Pág. 83.

unidad: algo tomado como un todo independiente que no puede dividirse ni separarse. Pág. 18.

universo isla: sistema estelar distinto, como al que pertenece nuestro Sol, que ocupa una posición apartada en el espacio. Pág. 124.

valor de mando: efectividad relativa de algo al dirigir, dictar, influenciar, ordenar, etc. Pág. 19.

viaje astral: creencia de los espiritualistas de que el cuerpo astral podía separarse y viajar fuera del cuerpo físico, y cuando lo hacía constaba de un espíritu, *y* mente *y* cuerpo. En contraste con Scientology donde el thetán (el espíritu, la persona misma) puede separarse *completamente* por sí mismo, tanto de la mente como del cuerpo (exteriorización). Pág. 205.

vil: que carece de valor o principios elevados. Pág. 132.

vitalidad: que tiene gran energía, lleno de vida. Pág. 83.

volición: poder o capacidad para elegir; voluntad. Pág. 238.

voluntad: facultad de actuar en forma consciente y especialmente deliberada; el poder de control que uno tiene sobre las propias acciones; el acto o proceso de usar las elecciones que uno hace. Pág. 51.

∞

Índice Temático

A

B

E

F

G

H

I

N

O

Q

R

T